넥스토피아

마티

넥스토피아

건축신문 VOL.21

CONTENTS

ARCHITECTURE NEWSPAPER VOL.21

넥스트
넥스토피아

서문 – 넥스트 도어 넥스트 스텝

건축의 사회적 역할에 대한 목소리와 움직임은 곳곳에서 이어져 왔다. '전선에서 알리다'라는 제목을 내걸었던 베네치아, 후쿠시마 대지진 후 대응에 나선 일본 건축계, 사회 기여에 무게를 두기 시작한 프리츠커 등 여러 맥락과 방향으로 퍼져 나왔다. 사회문제를 도시와 연결지어 이슈를 제기하는 것은 건축이 현실에 개입하는 하나의 경로이고, 오래된 건축의 과업이기도 하다. 그래서 그것은 건축 전시의 탐구 대상으로서 당위성과 정당성을 얻는다.

사회문제를 전면에 내세운 건축전시가 성공적이었는가, 문제 해결에 유효했는가에 대해서는 선뜻 답하기 어렵다. 어떤 문제의 발견과 조사가 건축의 출발선상에 있음은 틀림없다. 그러나 건축은 시민단체의 구호나 예술가의 선언과 달리 자신이 꺼내든 문제에 대해 어떤 식으로든 답을 내놓을 책임이 있다. 들어 올린 피켓을 세워둔 채 돌아서는 것은 적어도 건축에서는 직무유기에 해당할지 모른다. 사회가 당면한 문제, 혹은 그것을 감지한 개인의 전망을 건물로든, 디자인으로든, 장치로든 풀어내는 것이 건축의 역할이기 때문이다. 정답이 아닐지라도 해결을 위한 발판을 놓는 일이고, 막연했던 문제를 손으로 만질 수 있는 것으로 전환하는 것이 건축의 능력이고 기능이다.

많은 건축전시가 문제 위에 주저앉아 있곤 한다. 온갖 심각한 사회 이슈가 등장하고, 그럴듯한 선언문이 벽에 붙고, 근거 자료들이 시각화된다. 그런데 여기서 멈춰버린 전시를 종종 보게 된다. 대체로 해법처럼 보이는 제안이 뒤따르긴 하지만,

그 긴밀성과 현실성에 대한 판단은 전시의 시각효과에 가려 뒷전으로 유보되곤 한다. 그래서 전시장을 나와 곱씹어 보면 물음표가 떠오르는 경우도 많다. 전시의 프레젠테이션 기법이 탁월할수록 물음표가 덩달아 커지기도 한다. 건축의 효용 대신 효과만 취했기 때문이다. 관객들이 전자는 난해한 것으로 여기는 반면, 후자를 피상적으로 소비하는 탓도 있다.

〈넥스토피아〉 전시는 공동체가 와해된 한국 사회의 문제에 대응해 온 건축 작업들을 소개하면서 팽배해지는 '독존주의'에 대해 질문을 던지고, '함께 사는 것'의 의미를 환기하고자 했다. 앞서 지적한 건축전시가 빠질 수 있는 함정을 이 전시는 다행히 피해간 것 같다. 꾸준히 끌어온 문제의식을 자연스럽게 연장한 기획이 있었고, 전시를 계기로 비슷한 위기의식 위에 쌓여온 건축의 성과들을 만난 덕분이기도 하다. 여섯 건축가 저마다의 단단한 생각과 실천이 전시 주제의 무게를 지탱하는 기둥이 된 셈이다.

이 책은 〈넥스토피아〉 전시의 주제와 내용을 확장하면서 주제와 내용, 내용과 내용 사이에 성글게 남아있는 공간에 몇 개의 그물망을 친다. 전시에서는 충분히 전달되지 못했을, 혹은 서로 이어지기를 기다렸을 법한, 개별 작품에 잠재한 이야깃거리들을 포획해낸다. 큐레이터와 참여 건축가들이 전시장에 담았던 생각과 이를 실마리로 삼은 필자들의 글을 엮어내고, 이를 통해 다가오는 미래 도시에 필요한 고민의 지점들을 독자와 나누려 한다. (1부는 넥스토피아의 확장, 2부는 앞선 전시의 기록이다.) 1부에 더해진 여섯 편의 글은 전시 내용에 국한되지 않는다. 좁게는 전시에서 떠올릴 수 있는 생각, 즉 가족에서부터 인구, 사회, 공간, 도시로 확장되는 복합적이고 연쇄적인 변화와 그 대응을 둘러싼 논의들이다. 넓게는 전시 자체와는 무관하게 상상해봤을 법한 유토피아와 그것을 가로막는 현실에 관한 이야기까지다.

전시가 문제 삼은 공동체 해체는 도시와 불가분의

관계를 맺고 있다. 정주가 시작된 이래 공동체는 도시에 뿌리내려왔기 때문이다. 도시는 땅 위에 세워진다. 숨 쉬는 공기를 인식하지 못하듯 우리는 이 사실을 거의 잊고 지내지만, 이를 되짚어 보면 결국 (도시)공동체 문제의 밑바닥에는 토지문제가 깔려있다. 전시에서도 문도호제의 '점유감각'이 토지 소유와 주거 공동체의 관계를 직접 다루었고, 전시의 두 번째 연계 포럼도 '토지의 경제학'을 제목으로 진행되었다. 책에서는 이 논의를 이어받아 토지제도의 영향 아래 일어나는 도시의 물리적 변화 가능성을 짚어 보았다. 이를 통해 도시공간의 제약 속에서 움직일 수밖에 없는 건축의 상부구조의 일각을 드러내고자 했다. 전강수 교수는 '도시와 불평등, 그리고 토지보유세'라는 제목의 면밀한 보고서에서 토지와 자본의 파괴적 메커니즘을 밝히면서 이를 완화할 수 있는 통제 도구를 제안한다.

한편, '넥스토피아'라는 제목은 당연히 유토피아라는 말에 기대고 있다. 유토피아의 등장 이후 곳곳에서 끊임없이 소비되는 '–토피아'라는 어근, 혹은 어미, 혹은 돌림자가 몰고 다니는 어떤 클리셰가 분명히 존재한다. 이를 예술의 비판적 시각으로 찔러보고 그 둔탁한 덩어리에 한시적이나마 긴장을 일으킴으로써 책의 이야깃거리로 삼아 보았다. '숨겨진 유토피아의 공간'이라거나 '토피아라는 이름의 신기루'라는 막연한 가제를 글쓰기 단서로 필자에게 제안하면서, 적어도 책의 일관성을 유지할 수 있게 현실 도시를 소재로 삼아줄 것을 주문했다. 심소미 큐레이터는 '서브토피아가 점령한 세계에서'라는 제목의 자전적 도시공간 비평을 통해 정주에 이르기까지의 길었던 이주의 여정을 돌아본다. 이 두 글이 책의 프롤로그다. 이어지는 세 글은 본격적인 본론에 해당하는데, 지방 도시, 오래된 건물, 공동의 공간이 각각의 주제다.

SoA의 우포 자연도서관 프로젝트는 우리의 농촌의 상황을 단적으로 보여줬고, '지방 도시 살생부'라는 책 이야기로 진행된 첫 번째 연계 포럼은 우리 지방 도시의 살풍경과 암울한 시한부 미래를 경고했다. 때마침 지난겨울에는 평창동계올림픽이 강원도 지방 도시에서 열렸다. 경기장과 관련시설, KTX 연결 등 중앙정부와 지방정부는 13조 8천억 원을 쏟아부었다. 이에 앞서 2014년 인천 아시안게임, 2012년 여수엑스포, 2011년 대구 세계육상선수권대회 등이 있었다. 축제의 막이 오르고 내릴 때마다 도시는 땅이 대신 빚더미에 올랐다. 과연 이 도시들이 꿈꾸었던 유토피아는 어디쯤일까? 그들은 다가오는 미래의 그림자를 얼마나 예상했을까? 건축 칼럼니스트 배윤경의 글 '지방 도시의 지속 불가능성'은 이면이 깔린 TV 프로그램과 어둠침침한 영화 속에서 발견한 우리 지방 도시의 풍경을 묘사하는 한편, 지속 가능한 지방 도시를 호언장담했던 네덜란드의 실패한 도시 정책을 반면교사로 소개한다.

전시를 꾸리는 과정에서 몇 개의 공통 이슈가 자연스럽게 테이블 위에 올랐다. 그중 하나가 기존 건물을 사회 공동의 자산으로 전환하려는 움직임이다. 가장 밀접한 전시 내용은 구 샘터사옥을 리노베이션한 공공일호이고, 부산 망미동 공장 기숙사 리모델링 계획과 우포 자연도서관 프로젝트도 그렇다. 개인 차원까지 포함하면 일원동 단독주택 리노베이션도 여기에 해당한다. 황지은 교수는 '건축공간 생애주기의 순환'에서 오래된 건물을 마냥 허물지 않고 재생시킬 수 있다는 생각이 우리 도시를 예인하게 된 최근의 변화를 되짚으며, 오래된 것에 깃드는 가치를 사회가 인식하기 시작했음을 이야기한다.

또 하나 공통 이슈는 공유·공동 공간인데, 이에 대해서는 참여 건축가들이 관점의 차이를 보였다. 공간을 다루는 건축가라면 누구나, 한 가족의 단독주택에서부터 불특정 다수의 광장에 이르기까지 개인과 집단이 마주치는 공동 영역의 수준과 경계를 분명하고도 미묘하게 감지하고 있기 마련이다. 실제 공간을 설계하는 건축가의 관점에서 쓴 남수현 교수의 '넥스토피아적 공공영역을 향하여'는 도시의 길, 제도적 공개공지, 비워진 공공공간 등이 내포하고 있는 비물리적인 비장소성, 그것이 왜곡하는 '공공'이라는 허상을 지적한다.

가장 뜨거운 감자는 개인 영역과 공공 영역 사이의 우선순위였다. 전시를 준비하던 회의에서도, 인터뷰 영상 촬영 현장에서도 공유공간과 공동체성에 대한 서로 다른 의견과 입장이 분분했다. 요는 공유나 공동체를 앞세우는 윤리적 태도에 대하여 프라이버시와 개인의 영역이 분명하게 정의되는 것이 먼저여야 한다는 주장이 꾸준히 제기되었다. 이는 비단 공간뿐 아니라 사회관계와 실생활의 접점에서도 불거지곤 하는 이슈다. 사소한 일상에서도 개인의 지극히 기본적인 권리와 타인에 대한 배려가 이런저런 '공동'의 뒷전으로 밀려나기 일쑤다. '개인주의'라고 이름 붙여도 좋을 삶의 디폴트값이 필요함을 도시공동체 속에서 확인했다. '독존주의'에 물음표를, '함께 사는 삶'에 느낌표를 찍으며 출발한 〈넥스토피아〉로서는 뜻밖의 답장 하나를 받아든 셈이다.

『건축신문』은 변신 중이다. 신문에서 포켓북으로의 전격적인 방향 전환은 당연히 매체의 성격, 태도, 체재에 구심력으로 작용한다. 그래서 그간 달려온 속도를 줄이면서 새로운 방향을 설정하고 있다. 해마다 네 차례씩 숨 가쁘게 신문을 발행한 지 5년이 지나서 옆을 돌아보니, 공고한 줄 알았던 건축 매체와 담론의 기반이 무너질 위기에 처했음을 알게 되었다. (하지만 언제나 그랬듯 위기를 기회 삼아 새로운 시도가 곳곳에서 일어나고 있기도 하다.) 그래서 출판 매체를 고수하는 것 자체가 어느새 공익 재단으로서 건축계에 기여할 수 있는 최우선 미션이 되어버렸다.

『건축신문』은 당분간 솔직히 말하면 시행착오, 좋게 포장해서 실험을 몇 차례 더 하게 될지 모른다. 그러는 동안에도 어떤 식으로든 이어갈 몇 가지 구체적인 목표를 세워 놓았다.

새로운 건축가가 지속적으로 사회에 유입되는 채널을 유지하고, 건축의 경험과 지식이 축적되도록 지원하는 것이 『건축신문』의 흔들리지 않는 역할이 될 것이다. 그것이 전통적인 매체의 업그레이드 버전이든, 거기서 벗어난 새로운 애플리케이션이든, 해체 후 재구성된 어떤 운영체제이든, 지금으로서 그 형식은 그리 중요하지 않은 것 같다.

김상호, 『건축신문』 편집장

도시와 불평등, 그리고 토지보유세

전강수

도시와 불평등

19세기 후반 『진보와 빈곤』이라는 책을 발간하여 전 세계에 센세이션을 불러일으킨 미국의 경제학자 헨리 조지. 그는 당시 고속 성장으로 세계적 대도시의 반열에 올라선 뉴욕의 한가운데서 끔찍한 가난을 목격하고는 충격을 받는다. 물질적 진보가 일어나면 사람들의 살림살이가 나아지는 것이 마땅할 텐데, 어째서 더러운 길거리는 비루한 인생들로 가득하고 지저분한 어린아이들이 노는 소리로 시끄러운가? 19세기 후반 대도시 뉴욕에는 극단적으로 갈라진 두 세상이 공존하고 있었다. 한쪽에서는 무도회, 파티, 극장 관람, 연애질 등으로 매일 매일을 공휴일처럼 보내는 철도왕의 자식들이 무료한 나머지 마차를 끌고 나와 브루클린 거리를 질주하고, 다른 한쪽에서는 늙은 여인이 아침부터 밤까지 우중충한 분위기의 길가에 앉아서 사과와 사탕을 팔고, 젊은 여성 노동자는 카운터 뒤나 베틀 앞에 서서 온종일 일을 하고, 소녀들은 지칠 대로 지친 몸으로 재봉틀 앞에 허리를 굽히고 있었다.[1]

그때로부터 약 130년이 지난 오늘날의 도시는 어떤가? 뉴욕, 시카고, 홍콩, 서울 등 세계적인 대도시들에서 극단적으로 갈라진 두 세상은 하나로 합쳐졌는가? 도시 중심가에 초고층 빌딩들이 즐비하고, 지하철이 사람들을 사방으로 실어나르고,

1 헨리 조지 저, 전강수 역, 『사회문제의 경제학』, 돌베개, 2013, 88쪽

도로에는 자동차가 가득하고, 모든 사람이 휴대폰을 들고 원하는 정보와 자료를 검색하는 세상이 도래했지만, 19세기 후반 뉴욕에서 볼 수 있었던 두 개의 세상은 상존하고 있다. 서울만 보더라도 한쪽에서는 부잣집 자식들이 클럽과 고급 룸살롱을 전전하다 무료한 나머지 최고급 무개차를 타고 바람을 맞으며 도심을 달리고, 다른 한쪽에서는 낙심한 표정을 한 노인이 폐지 수집을 위해 수레를 끌고, 대학을 졸업한 청년들이 일자리가 없어서 각종 알바로 세월을 보내고, 생활고에 시달리던 세 모녀가 "정말 죄송합니다" 하는 메모와 함께 갖고 있던 얼마 안 되는 현금을 집세와 공과금으로 놔두고 번개탄을 피워 자살하는 사건이 일어난다.

『도시의 승리』를 쓴 하버드대학의 에드워드 글레이저 교수는 대도시에 부와 가난이 병존하고, 심지어 가난한 사람의 숫자가 증가하는 현상에 대해 부정적으로 평가할 필요가 없다고 주장했다. 도시가 사람들을 가난하게 만든 것이 아니고, 그곳 어딘가에 가능성과 기회가 존재하기 때문에 가난한 사람들이 몰려든다는 것이 그의 생각이다. 글레이저는 도시의 가난을 약점이 아니라 강점으로 본다. 그는 가난한 사람들이 도시에서 자신의 재능을 발견하고 경제적 성공의 기회를 포착한다고 주장하면서 실제 사례를 여럿 열거한다.[2]

단기간에 엄청난 규모의 이촌향도를 경험한 한국 국민은, 1960년대 이후 수많은 사람이 더 좋은 기회를 찾아서 도시로 몰려들었고, 그중 일부는 가난을 극복하고 경제적·사회적 성공을 이루었다는 사실을 알고 있다. 그래서 한국 사람들 중에는 글레이저의 주장에 고개를 끄덕이는 사람이 많을지도 모른다. 하지만 지금도 그런가? 사람들이 도시에서 기회를 발견하고 가난한 사람들이 도시에 와서 경제적 성공을 이뤄 내는가? 몇

2 에드워드 글레이저 저, 이진원 역, 『도시의 승리』, 해냄, 2011, 138-157쪽

년 전부터 계층 사다리가 끊어졌다는 말이 인구에 회자되고, '수저계급론'이 유행하기 시작했다. 고도성장의 상징이었던 대한민국은 젊은이들의 머릿속에서는 이미 '헬조선'으로 전락했다. 지금은 도시에서 계층 상승의 기회를 잡을 수 있다고 믿는 사람은 거의 없다.

도시가 가난한 사람들에게 기회의 공간이 되는 것은 거대한 혁신이 일어나며 도시가 성장하기 시작하는 초기에나 가능한 일이다. 시간이 지나면서 자본과 자산이 소수의 사람에게 집적·집중되면, 자산이 없는 노동자나 농민이 경제적 성공을 거두는 것은 어려워진다. 이에 대해서는 이미 130여 년 전에 헨리 조지가 정곡을 찌르는 지적을 한 바 있다.

자타가 공인하는 선생들을 포함한 다수의 사람들은 항상 사업에 성공하려면 열정과 근면, 그리고 절제가 반드시 필요하다고 말한다. 또 그들은 항상 아무것도 없이 시작해서 부자가 된 사람을 예로 들며 지금도 누구나 빈손으로 시작해서 부자가 될 수 있다고 주장한다. 우리 시대 부자들의 다수가 빈손으로 시작했다는 것은 사실이다. 하지만 그러한 성공신화를 지금도 쉽게 쓸 수 있다는 것은 사실이 아니다. 변화의 시기에는 언제나 개인이 성공할 기회가 주어진다. 그러나 사회관계가 다시 조정되고 나면 그 기회는 사라지고 만다. (…) 증기기관과 기계가 도입되면서 생긴 거대한 변화로 인해 영국의 노동자 계급은 미국에서와 마찬가지로 부자가 될 수 있었다. 이제 그런 기회의 문은 닫혀버렸거나 닫히고 있다. 기차가 출발해서 천천히 움직일 때는 한 발짝만 내디뎌도 올라탈 수 있다. 하지만 몇 분이 지나면 그때 발을 내딛지 않은 사람들은 숨 가쁘게 달려도 기차를 따라잡을 수가 없다. 기차가 출발할 때 탑승한 사람들이 쉽게 탔다고 해서 최고 속도로 달리고 있는 기차에 올라타는 것도 수월할 것으로 생각한다면 그건 정말 터무니없다. 마찬가지로 증기기관과 기계가 영향을 미치기 시작했을 때 주어진 기회들이

계속 남아 있을 것으로 생각한다면 그것도 정말 터무니없다.[3]

이제 더 이상 도시의 가난은 강점이 아니다. 2014년 『21세기 자본』을 발간하여 '경제학계의 록스타'로 부상한 프랑스 경제학자 토마 피케티는 돈이 돈을 버는 세습자본주의가 도래하고 있다고 경고했다. 이런 상황에서 가난한 사람들이 도시에서 기회를 얻어 경제적 성공을 거둔다는 것은 불가능한 일이다.

도시에서 불평등이 증가하는 이유

1. 헨리 조지의 분배이론

도시의 가난은 더 많은 가능성과 기회를 보고 가난한 사람들이 몰려들어서 생기는 것만은 아니다. 다른 한쪽에 도시경제의 분배 메커니즘이 불평등과 가난을 증가시키는 냉엄한 현실이 존재한다. 여기서 토지제도는 결정적으로 중요한 역할을 한다. 헨리 조지의 분배이론을 활용해서 도시가 성장할 때 소득분배에 어떤 변화가 일어나는지 살펴보자. 조지는 한 나라에서 물질적 진보가 진행되는 일반적인 상황을 상정하고 이론을 전개했지만, 이를 도시 성장이라는 상황에 그대로 적용해도 전혀 문제가 없다.

[그림1]은 헨리 조지의 분배이론을 잘 설명해주는 그래프다.[4] 각 토지 단위에 노동과 자본을 동일하게 투입한다고 가정하고 토지 단위를 우등한 것부터 시작해서 줄을 세울 때 각 토지 단위에서 나오는 생산액의 크기를 보여준다. 투입을 동일하게 하는데도 생산액이 달라지는 이유는 토지의 자연적 생산력과 위치가 다르기 때문이다. 그래프에서 한계지로 표시된

3 헨리 조지, 앞의 책, 68-70쪽

4 전강수, 『토지의 경제학』, 돌베개, 2012, 156쪽

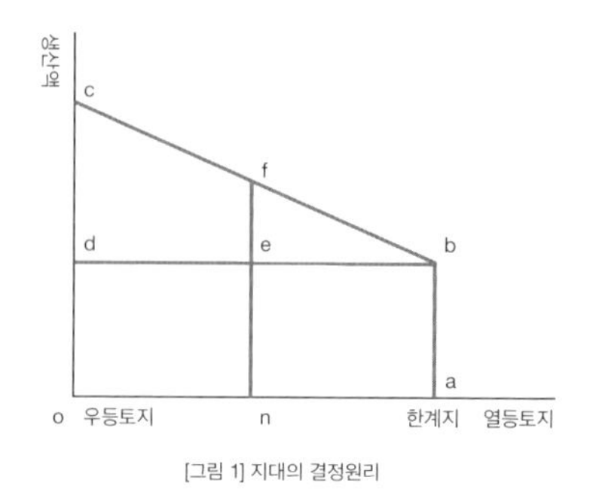

[그림 1] 지대의 결정원리

토지는 사용 토지 가운데 생산성이 가장 떨어지는 토지로 수요보다 공급이 많다. 쉽게 말해 남아도는 토지 중에서 사용되고 있는 토지를 가리킨다.

이제 각 토지 단위에서 생산액이 임금, 이자, 지대 등의 소득으로 어떻게 분배되는지 살펴보자. 임금은 노동 사용의 대가, 이자는 자본 사용의 대가, 지대는 토지 사용의 대가를 가리킨다는 사실은 이미 알고 있으리라 믿는다. 우선, 한계지의 생산액은 이자와 임금으로만 분배된다. 거기서 지대가 발생하지 않는 것은 그 정도 수준의 토지가 남아돌기 때문이다. 그렇다면 한계지 이상의 토지에서는 어떻게 될까? 그런 토지에서는 생산액 가운데 한계지 생산액을 초과하는 부분은 지대로 분배되고, 나머지(한계지 생산액과 같다)는 이자와 임금으로 분배된다. 한계지 생산액을 초과하는 부분이 생산에 기여하지 않는 지주에게 지대로 분배되는 이유는, 더 좋은 토지를 두고 생산자들이 경쟁을 벌이기 때문이다. 다른 토지보다 질이 좋은 토지에서는 투입이 동일하더라도 생산액이 많다. 생산자에게 초과 수익이 생기는 것이다. 여러 경쟁자 중에서 한 사람이 초과 수익을 노리고 좋은 토지를 차지하려면 토지 주인에게 대가, 즉 지대를 지불해야 한다. 토지 취득 경쟁에서 승리하는 사람은 가장 많은 대가를 지불하는 사람이다.

처음에 토지 사용에 대한 대가가 없었다고 하더라도 생산자들 간의 경쟁 때문에 점점 그 값은 올라간다. 어디까지 올라갈까? '그 토지의 생산액 – 한계지 생산액'까지다. 지대가 이 수준에 도달하면 초과 수익은 사라진다. 만일 지대가 그보다 더 높이 올라가면, 생산자는 다른 토지에서 생산하는 편이 낫다고 여겨서 더 이상 그 토지를 사용하려고 하지 않는다. 결국 지대는 그 토지의 생산액과 한계지 생산액의 차이로 결정된다. 예를 들어 토지 n에서는 생산액이 nf인데 그것은 지대 ef와 '임금+이자' ne로 분배된다. 각 토지 단위에서 분배가 어떻게 이루어지는지 확인한 후에, 지대는 지대끼리 합하고 '임금+이자'는 '임금+이자'끼리 합하면 경제 전체의 총생산액이 어떻게 분배되는지도 알 수 있다. 즉, 경제 전체의 총생산액 oabc는 총지대 bcd와 '임금+이자'의 총액 oabd로 분배된다.[5]

2. 도시 성장이 불평등을 증가시키는 이유

이상에서 설명한 분석틀로 도시경제의 분배 메커니즘을 살펴보자. 도시가 성장할 때에는 세 가지 현상이 수반된다. 인구 증가, 기술 혁신, 미래 경제 상황에 대한 기대 등이다.[6]

도시에서 인구가 증가하면 어떤 일이 벌어질까? 두 가지가 예상되는데, 하나는 특별한 대책을 세우지 않는 한 도시 경계가 확장되는 것이다. 실제로 전 세계 대부분의 도시는 성장 과정에서 경계가 지속적으로 확장되었다. 한국의 경우는 그 정도가 특히 심해서, 서울의 경계가 확장되었을 뿐만 아니라 경기도의 상당 부분이 서울 권역으로 편입되었다. 이처럼 도시 경계가 확장되는 것은 [그림1]에서 한계지가 밖으로 밀려나는 것으로 표시할 수 있다. 한계지가 밖으로 밀려나면 모든 토지에서

5 같은 책, 157쪽

6 헨리 조지 저, 김윤상 역, 『진보와 빈곤』, 비봉출판사, 1997, 제4권 참조

지대는 증가하고 '임금+이자'는 감소한다.

인구가 증가할 때 일어나는 또 하나의 현상이 문제를 복잡하게 만든다. 기존 개발 지역에서 '집적의 이익'이 발생하는 것이다. 사람들이 한곳에 모여 살고 경제 활동이 특정 지역에 집중되는 경우, 분업이 용이해지고 한 분야의 기술 개선이 다른 분야로 쉽게 이전되며 각종 거래 행위에 수반되는 비용이 감소한다. 인구가 도시에 모이면 아이디어와 지식이 개인과 개인 사이에 쉽게 흐르고 지식의 공동생산이 활성화된다. 그 경우 특정 토지의 생산성이 높아지는 것과 유사한 현상이 발생하는데, 이를 '집적의 이익'이라 부른다. 집적의 이익은 생산액 선이 위로 이동하는 것으로 표시할 수 있다. 단, 모든 토지에서 동일한 정도로 상방 이동(평행 이동)하는 것은 아니며, 원점에 가까울수록 많이 이동하고 원점에서 멀수록 적게 이동한다. 그것은 원점에 가까운 토지, 즉 위치와 생산성이 높은 우등 토지에서는 집적의 이익이 크게 나타나고, 원점에서 먼 토지, 즉 한계지에 가까운 열등 토지에서는 집적의 이익이 작게 나타나기 때문이다.

[그림2]는 위에서 말한 두 가지 현상이 어떤 결과를 초래할지 보여주는 그래프다.[7] 두 그래프의 차이는 한계지가 밖으로 밀려나는 정도가 다르다는 점이다. 한계지가 조금 밀려나건 많이 밀려나건, 인구 증가가 초래하는 분배의 변화는 지대의 비중이 올라가는 반면 '임금+이자'의 비중은 하락하는 방향으로 진행된다는 것을 확인할 수 있다. 땅을 가진 사람과 갖지 못한 사람 사이에 불평등이 심해지고 그 와중에 빈곤이 심화되는 것이다.

도시가 성장하면서 기술 개선을 비롯해서 문화와 교육 등의 분야에서 각종 사회적 개선이 일어나고 지식의 공동생산이

7 전강수, 앞의 책, 159쪽

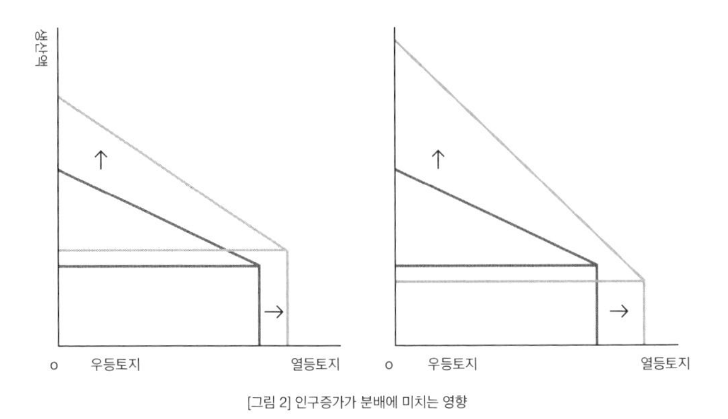

[그림 2] 인구증가가 분배에 미치는 영향

활성화되어 다방면에서 혁신이 가속화되면 도시경제의 소득분배는 어떻게 변화할까? 생산액 선은 인구가 증가할 경우와 비슷하게 이동한다. 기술 개선과 혁신은 도시 중심부에서 주로 일어나고 따라서 우등 토지일수록 생산 증가가 크기 때문이다. 그런데 한계지가 어떻게 될지는 단언하기 어렵다. 기술 개선이 일어날 경우 한계지가 어떻게 변경될지에 대해서는 학자에 따라 견해가 다르다.

데이비드 리카도(David Ricardo, 1772–1823)는 단기적으로 한계지가 안으로 들어갈 것으로 예측한 반면, 헨리 조지는 밖으로 나갈 것이라 주장했다. 나는 한계지 위치에 대해서는 단언하기 어렵다는 생각을 하고 있다, 한계지 변경이 없다고 가정하면 도시경제의 소득분배는 개선될 수도 악화될 수도 있다. 기술 개선이 우등 토지는 물론이고 한계지 부근에까지 영향을 미쳐서 그런 토지에서의 생산액 증가가 현저할 경우 분배는 개선되고, 그렇지 않을 경우 지대의 비중이 커지고 '임금+이자'의 비중이 감소하여 분배는 악화된다.

도시가 성장할 때 지대와 지가는 상승하기 마련인데, 이는 사람들 사이에 미래 토지 가치가 상승할 것이라는 기대를 형성한다. 미래 토지 가치 상승에 대한 기대가 확산되면 가치 상승분을 노리는 사람들이 토지를 투기 목적으로 보유하게 되는데, 이런 사람들은 토지 이용에는 별 관심이 없다. 자연히 도심 여러 곳에서 토지 이용의 유휴화가 일어나고 좋은 토지를 이용할 수 없는 사람들은 도시 외곽으로 나가서 토지를 구할 수밖에 없다. 그 결과 한계지가 밖으로 밀려난다. 이 경우 기성 지역의 토지 생산성에는 변화가 없지만, 한계지의 질이 하락하기 때문에 지대는 증가하고 '임금+이자'는 감소한다.

인구 증가, 기술 개선과 각종 혁신, 미래 토지 가치 상승에 대한 기대 등 세 요인이 동시에 작용하면 어떻게 될까? 생산액 선은 [그림2]에서 표시한 것보다 훨씬 많이 위로 이동할 것이고, 한계지가 바깥으로 밀려나는 정도도 커질 것이다. 여기에다 정부의 토지 이용 규제까지 더해져서 도심의 개발이 억제되면 한계지는 더 많이 바깥으로 이동할 것이다. 세 요인이 결합하여 작용할 경우, 지대는 급속하게 증가하는 반면 '임금+이자'의 감소는 불가피할 것이다. 오늘날 한국의 대도시에서 식당, 빵집, 치킨집, PC방, 노래방 등을 경영하는 자영업자들은 엄청난 어려움을 겪고 있는데, 이는 조기 퇴직의 증가로 자영업자 수가 늘어서 경쟁이 치열해졌기 때문이기도 하지만, 높은 임대료 부담으로 경영 수익성이 떨어졌기 때문이기도 하다. 요즘 서울의 여러 동네에서 문제가 되고 있는 젠트리피케이션도 가게 임대료의 급격한 인상 때문에 일어난다.

이상에서 헨리 조지의 분배 이론을 활용하여 도시경제의 분배 메커니즘을 분석한 결과, 도시의 성장은 불평등과 빈곤의 심화와 동전의 양면을 이룬다는 것을 알게 되었다. 아울러 도시에 가난한 사람이 많아지는 것은 그곳의 가능성과 기회를 보고 가난한 사람들이 몰려들기 때문이고 가난한 사람들은 도시에서 기회를 잡아 경제적·사회적 성공을 이루므로 도시의 가난은 약점이 아니라 강점이라고 한 글레이저의 주장은 본질을 호도하는 궤변이라는 것도 확인했다.

치유책으로서의 토지보유세

도시의 성장이 불평등과 빈곤을 심화시키는 메커니즘을 해소하려면 어떻게 해야 할까? 글레이저는 가난한 아이들이 양질의 교육을 받을 수 있도록 적극적인 투자가 필요하다고 주장했다. 교육 서비스 개선은 가난한 아이들이 어른이 되어 부유하게 살도록 돕는 유일한 방법이라고 말하기도 했다. 도시경제 안에 불평등과 빈곤을 심화시키는 거대한 메커니즘이 작동하고 있는 판국에 교육 서비스 개선 정도로 빈곤을 해결할 수 있으리라 믿고 있으니 어리석기 짝이 없다. 계층 사다리가 끊어지고 없는데 아래쪽에 있는 사람들을 잘 교육하면 그들이 힘을 내서 위쪽으로 날아오를 것이라고 주장하는 것이다. 그는 도심에 대한 고도 제한을 풀어서 초고층 빌딩 건축을 활성화하고, 그런 건축 행위가 유발하는 사회적 비용을 계산해서 세금으로 징수하여 일조권 침해 등 피해를 보는 주민들에게 나눠주자고 제안하기도 했다. 이는 참신한 제안이기는 하지만, 건축 규제에 대한 대안일 뿐 불평등 대책은 아니었다. 물론 그렇게 한다고 해서 도시 불평등의 근본 원인이 해소될 리도 없다.

도시경제에서 불평등과 빈곤을 유발하는 근본 원인은 잘못된 토지제도에 있다. 일단 토지를 소유하기만 하면, 급속하게 증가하는 지대를 전유할 수 있도록 제도적으로 허용하는 것이 문제다. 헨리 조지는 이를 막기 위해 지대의 대부분을 조세로 징수하는 토지가치세제(Land Value Taxation)를 제안했다. 지금 당장 지대의 대부분을 조세로 징수하는 것은 현실적으로 어려울 뿐만 아니라 부동산값 폭락과 금융위기 발발 등 심각한 경제적 부작용을 수반한다. 따라서 조지의 토지가치세제는 토지제도 개선의 이념형으로 위치 지우고, 그것을 향하는 도정에서 지금 도입 가능한 현실적인 대안을 찾을 필요가 있다.

우선, 토지가치세가 도시경제의 분배 메커니즘에 어떤 영향을 미칠지 생각해 보자. 지대의 대부분을 조세로 징수할 경우 토지 투기가 근절된다. 토지를 소유한다고 해서 지대를 얻을 수 없으니 지가가 올라갈 리도 없고(이론적으로는 지가가 0에 수렴한다), 지가 차액을 노리는 토지 투기가 일어날 리도 없다. 따라서 토지가치세를 부과할 경우, 토지의 투기적 보유로 인해 한계지가 밖으로 밀려나는 현상이 사라지고 그것 때문에 생기는 불평등도 해소된다. (한계지가 밖으로 밀려나면 분배가 악화되는 것에 대해서는 앞에서 설명했다.) 한계지가 밖으로 밀려난다고 표현했지만, 이 현상은 현실적으로는 스프롤 현상[8]으로 진행된다.

토지가치세는 기성 지역에서 토지 이용의 효율성을 높인다. 세금이 부과되기 전에는 유휴화되거나 저밀도로 이용되던 토지에서 토지 이용의 집약도를 높이는 등 최선으로 사용하고자 하는 움직임이 나타난다. 정부가 토지의 고밀도 이용을 제한하는 규제를 하지 않는다면, 토지가치세를 부과한 후 시간이 지나면 우등 토지에는 초고층 빌딩이 들어서고 외곽으로 나갈수록 고도가 낮은 건물이 질서 있게 들어서게 된다. 그렇게 되면 도시 인구가 증가하더라도 도시 경계를 밖으로 확장시키는 압력은 크게 완화된다. 도시 내 토지 이용의 효율성 증가와 토지 투기 해소의 효과가 동시에 작용하면 한계지는 밖으로 밀려나기는커녕 안쪽으로 들어올 가능성도 있다. 이것이 분배를 개선하는 작용을 하리라는 것은 충분히 추론해 볼 수 있다.

토지가치세 부과로 생기는 세수를 시민들에게 똑같이 나눠주는 기본소득 제도를 함께 실시하면, 도시 성장으로 지대가 증가하더라도 그것을 토지 소유자가 차지하는 것이 아니라 시민들이 골고루 나눠 갖게 된다. 이것이 불평등을 완화한다는 것은 불문가지다. 토지가치세 세수로 지급하는 기본소득은 특별히 토지배당이라 불린다. 주식회사에서 주주들에게 보유

8 urban sprawl: 도시 기반 시설이 충분하지 못한 상태로 도시가 무질서하게 외곽으로 확산되는 일 (편집자 주)

주식 수에 따라 배당금을 지급하듯이, 국토의 주인인 시민들은 전체 토지에 대해 1/n 씩 권리를 갖고 있다고 보고 똑같은 금액을 토지배당으로 지급하는 것이다.

앞에서 언급했지만, 이러한 토지가치세제는 당장 도입하기에는 현실성이 낮은, 하나의 이념형이다. 그렇다면 한국 사회에 당장 도입할 수 있는 현실적 대안은 무엇일까? 결론부터 말하면, 부동산 보유세를 강화하는 것이 정답이다. 부동산 보유세를 강화하면, 토지가치세처럼 지대의 대부분을 환수하기는 어렵지만, 지대의 공적 환수 정도를 높일 수 있다. 현재 한국의 부동산 보유세는 지방세인 재산세와 국세인 종합부동산세로 구성되어 있다. 보유세 강화 정책은 이 틀을 유지한 채로 추진할 수도 있고, 새로운 제도를 도입하는 방식으로 시행할 수도 있다. 현행 제도의 틀을 유지한 채 보유세를 강화하는 방안과 관련하여, 최근 나는 20개의 시나리오를 제시하고 그 세수 효과를 분석한 바 있다.[9] 보유세 세수는 지금보다 최소 5000억 원(시나리오 1), 최대 14조 3000억 원(시나리오 20) 증가할 것으로 예측되었다. 5000억 원을 더 걷는 방안으로는 불평등과 빈곤을 완화하기에 턱없이 부족하다. 제대로 효과를 발휘하려면 최대 세수 증가를 가져올 시나리오 20을 도입할 필요가 있다.

현행 종합부동산세를 폐지하는 대신 새로운 국세 보유세를 도입할 수도 있다. 사실 종합부동산세는 토지와 건물을 구별하지 않고 과세하며, 주택 따로, 나대지 따로, 상가·빌딩 부속 토지 따로 합산 과세하는 용도별 차등과세 방식을 채택하고 있고, 소수의 과다 보유자에게만 과세한다는 점에서 결함이 있는 세금이다. 내가 '국토보유세'라고 부르는 새로운 국세 보유세는 토지에만 부과하며, 용도별 차등과세를 폐지하고, 모든

9 전강수, "부동산 불평등 해소를 위한 보유세제 개편 방안", 더불어민주당 김종민 의원 주최 토론회 발표자료, 2018

토지 소유자를 대상으로 전국에 있는 토지를 인별 합산하여 과세한다는 점에서 종합부동산세보다 훨씬 우수한 세금이다. 더욱이 국토보유세 도입에 따르는 세수 순증분은 모든 국민에게 똑같이 토지배당으로 지급하기 때문에 조세 저항을 방지하고 불평등을 완화하는 효과가 크다. 최근 한신대학교 강남훈 교수와 공동 저술한 논문에서 국토보유세를 설계하고 그 세수와 재분배 효과를 추계한 바 있다.[10] 그 방안에 따르면 국토보유세 도입으로 세수는 15조 5000억 원 증가하는데, 그것을 전액 토지배당으로 지급하면 전체 가구의 95%가 순수혜 가구가 된다.

증가하는 보유세 세수를 어떻게 사용해야 도시경제의 불평등을 효과적으로 완화할 수 있을지에 대해서는 아직 연구가 이뤄지지 않았다. 하지만 보유세 강화 정책이 그 가능성을 열어준다는 사실만은 확실하다.

10 전강수·강남훈, "기본소득과 국토보유세", 『역사비평』 120호, 2017

서브토피아가 점령한 세계에서

심소미

서브토피아의 예언가, 이안 네언

서브토피아(subtopia). 경기도에서 이십 년을 넘게 살아온 내가 이곳의 경계를 넘나들 때마다 읊조리는 말이다. 누군가는 서브토피아에 합류하기 위해 꿈꾸고, 누군가는 서브토피아로부터 탈출하기 위해 분투한다. 교외(suburb)와 유토피아(utopia)를 합성한 이 단어는 대도시 주변의 교외 확장을 의미하는 신조어다. 한국에서는 1980년대 본격화된 인구 분산 정책으로, 영국에서는 50년 전부터 한 건축 평론가에 의해 일찍이 거론된 말이다. 2차 세계대전 이후 유럽은 전쟁의 폭격으로부터 도시를 재건하고, 새로운 삶의 환경을 구축하는데 분주했다. 1950년대 중반 영국 전역으로 퍼져나가던 전원도시 건설로부터 무분별한 확장을 감지한 이는 건축 평론가이자 저널리스트인 이안 네언(Ian Nairn)이다. 그는 교외에서의 도시 재건이 뭔가 잘못되어 가고 있음을 사람들에게 알린 시대의 이단아였다. 무엇보다도 그가 염려한 것은 전쟁의 폐허 이후 고의로 방치된 교외 지역이다. 밀집된 도시와 텅 빈 시골, 그 사이를 조율하고자 시도된 새로운 전원도시에서 서브토피아의 세계를 본 것이다.

> 영국의 운명은 '전 세계적으로 보편적인 서브토피아'로 축소되었다. 서브토피아는 마을도 국가도 아닌 중간 지대, 심지어 옛 비행장, 가짜 시골풍, 철조망, 차량 로터리, 쓸모없는 게시판, 주차장, 들판에 방치된 사물들에 의해 퍼져 나간다.[1]

네언은 시골도 도시도 아닌 현대식 전원도시로부터 서브토피아의 광풍을 감지한다. 그는 이를 거론하는 데서 머물지 않고 직접 서브토피아를 가능케 하는 장소들, 일종의 '중간지대'로 들어가 도시 현장을 비평했다. 교외에 퍼진 파괴적 도시개발의 실체를 사람들에게 알리고자 『아키텍처럴 리뷰』로 시작해, 여러 잡지와 신문에 글을 기고하고 BBC 프로그램까지 진행한다. 영국의 고속도로를 승용차로 가로지른 영국 지방 도시 여행, 과거 석탄을 나르던 운하를 따라 북부 산업지대를 여행한 투어 프로그램은 오락과 유희가 목적이던 당시 상업 프로그램과는 전혀 다른 성향이었다.

런던에서 136km 떨어진 코벤트리, 이곳은 2차 세계대전 때 히틀러의 폭격에 의해 폐허가 된 도시다. 그전까지는 영국 도시 중에서도 명성 깊은 중세도시로, 특히 웅장한 대성당 건축으로 유명한 곳이다. BBC 프로그램에서 네언은 완전히 폐허가 된 이 도시를 방문한다. 그리고는 폭격을 맞은 과거의 대성당을 찾는다. 처참한 폐허의 건축을 설명하는 네언의 격앙된 목소리가 밝히고자 한 것은 전쟁의 참상도 인류의 폭력도 아니다. 그의 관심은 폐허 이후의 진행 상태다.

아무도 관심 두지 않는 폐허로서의 장소, 더 이상 유용하지 않은 장소에 대한 그의 관심은 이를 극복하기 위해 시도되는 현대 건축이 무엇을 간과하고 있는지로 향한다. 도시의 폐부, 오명, 상흔을 그대로 둔 채 장소를 새로운 건축으로 덮어버리는 것이 얼마나 폭력적인지 거론한 것이다. 이것은 현대 건축이 점령하는 도시 환경의 표준화와 규격화에 대한 비판의 시작이었다. 새로운 건축과 과거의 건축 사이에서 네언의 시선이 마냥 과거를 향한 것만은 아니다. 그가 주목한 것은 역사적 건축, 과거의 영광과 의미가 아닌, 새로움에 들뜬 사회의

1 Jonathan Glancey, "Ian Nairn's voice of outrage", *Guardian*, 2010.5.14

무관심으로부터 가속화되는 폐허, 더더욱 비참해져 가며 의미와 역할을 잃어버린 장소들이다. 요즘 유행하는 TV 버라이어티 프로그램과도 유사한 형식에서 시청자가 마주하는 것은 환각몽으로부터 방치된 교외 도시의 폐허들이다. 도시 투어를 가장한 그의 TV 프로그램은 사실 지방 도시의 무차별적 계획에 대한 고발이었던 셈이다. 전쟁의 폭격보다도 그가 우려한 것은 차이보다는 동일성을 추구하는 도시환경, 현대인의 표준화된 삶의 모습이다. 사람들이 새로운 도시환경과 꿈에 환호할 때 네언은 표준화된 도시 형태에 대해 이의를 제기했다. 상이한 장소를 균일한 형태로 점유해나가는 현대의 도시 계획과 건축이 불러일으키는 삶의 환각적 상태에 가려진 도시 참상을 밝히고자 한 것이다.

서브토피아 – 키드: 서울로 움직이는 가족

도시 공간에 대한 나의 관심은 대도시로 이주해 온 유년기의 경험이 큰 영향을 미쳤다. 1980년대 초 서울이 88 올림픽을 준비하며 미래 도약과 글로벌 시티를 꿈꿀 때, 우리 가족 또한 당시 많은 사람이 그랬던 것처럼 꿈에 부풀어 서울을 향해 움직였다. 복지, 교육, 범죄 안전지대, 여가 및 문화생활 등을 좇아 많은 사람이 대도시로 이주하던 시기다. 하지만 서울의 과밀한 인구와 폭등하는 주택가격 때문에 타지방 이주민이 서울 한가운데 정주한다는 것은 하늘의 별 따기와 같았다. 더군다나 강남 아파트값 폭등이라는 문제가 수도권에도 영향을 미치면서 주거, 거주의 문제, 내 집 마련이라는 꿈은 서울에서 멀어져 갔다.

그렇게 우리 가족을 포함한 대다수 가족이 정착한 곳은 경기도다. 이 서브토피아는 우리 가족의 터를, 내 삶의 장소들을 결정해 왔다. 서브토피아는 단순히 도시 형태를 의미하지 않는다. 사람들의 욕망이 움직이는 기제, 개개인의 삶이 작동함으로써 발현된 삶의 기제다. 주변으로 내밀리지 않기 위해 중심을 향해 발버둥 치는 삶이 주변을 참담하게 제거하고 변형한다. 네언이 찾아간 폐허의 교외 도시는 우리 가족이 떠나온 마을이자 많은 사람이 내버린 활력 없는 소도시들과도 같다.

땅끝에서 서울까지 거듭한 이주로 인해 나는 꼬맹이 시절을 보낸 마을들의 이름조차 기억하지 못한다. 무수한 이사들 사이에서도 기억에 남은 것은, 동네 아이들과 산딸기를 따먹으러 뒷산에 오르고, 소문만 들은 뱀을 잡으러 나무 막대기를 들고 덤불 속을 뒤진 것, 시골장에서 길을 잃어 울다가 딸기 장수 옆에서 달콤한 딸기를 먹으며 천천히 엄마를 기다리던 순간이다. 소소한 시골에서의 기억을 다 말하려면 이 지면이 그 얘기로 넘쳐나고 말 것이다. 기억만 무성한 유년기 경험들 속에서 이상하게도 나는 어떤 지명도 기억하지 못한다. 잦은 이주 사이에서 장소의 이름들은 일이 년 후면 사라지는 것 중 하나다. 내 기억에서 흐릿한 이름만큼 지도에서도 흐릿해진 소도시들, 그 일부는 이제 도시도 시골도 아닌 서브토피아가 침투한 지역이기도 하고, 네언이 한탄하던 코벤트리처럼 폐허가 된 곳이기도 하다. 코벤트리와 내가 살던 도시 사이에 차이가 있다면 전자는 기념비적으로 불멸하는 장소가 된 반면, 후자는 30년 전의 흔적을 조금도 찾을 수 없다는 것이다. 그런데도 당시의 경험이 여전히 생생한 것은 오늘날 도시에서는 그 시간의 흔적조차도 복구하는 것이 불가능하기 때문일 것이다. 이제 산딸기는 유기농 마켓에서 찾아볼 수 있으며, 뱀은 인적이 드문 깊은 산속에서 운이 좋다면 만날 수 있을 것이다. 어린아이가 시장에서 길을 잃는다면 핸드폰 번호로 가족을 찾을 수 있다. 슈퍼마켓에서 사는 규격화된 형태의 산딸기의 맛과 유년기에 길가에서 따먹던 산딸기의 맛 사이에는 거대한 장소의 격차가 존재한다. 그 격차를 모두 지우고 오늘날 우리에게 제공된 산딸기의 비슷비슷한 맛은 네언이 염려했던 획일적 도시의 삶이 바탕이 된다.

서브토피아 – 키드: 성남 – 부천 – 중동 – 탄현

1980년대 초 엄청난 인구가 미래의 삶과 꿈을 따라 서울로 질주했듯이 우리 가족은 한반도 끝에서 1번 국도를 타고 여러 번의 이사 끝에 성남에 도달했다.

성남 – 부천 – 중동 – 탄현, 이후 30년간 살아온 도시들의 경로다. 모두 수도권이라 불리는 서울 주변 도시들로 경기도에 속한다. 우리 가족을 끊임없이 이동하게 한 추동력은 전국에서 사람들을 서울 가까이 불러 모았던 서브토피아다. 표준어라는 말처럼 표준화된 도시 환경에서 살아가고자 하던 사람들의 욕망이 한국의 도시 지형도에 투영된다. 장소에 대한 나의 기억은 성남 이전과 이후로 나뉜다.

성남에 도달한 우리 가족은 중심 도시의 반경 20km 내에 살게 돼 무척이나 안도했다. 그때까지의 이주들 사이에서 정주는 길어야 일 년 남짓했기 때문이다. 매번 이사할 때마다 다음 짐은 언제 싸는지가 궁금한 나였다. 성남은 우리 가족이 처음으로 마음 놓고 짐을 풀어헤친 곳이다. 지금은 아파트가 빼곡하게 들어선 그곳은 당시 개천을 앞에 두고 형성된 언덕 위 주택가였다. 일 년, 이 년, 삼 년이 되던 해, 이 정주도 그리 오래가진 못했다. 분당 신도시 계획으로 인해 동네가 철거되면서 우리는 또다시 이사해야만 했다. 다니던 초등학교가 문을 닫았고, 학교 담벼락에는 재개발을 반대하는 붉은색 글씨가 어지러이 쓰였다. 분당이라는 대규모 신도시 계획으로 밀려난 우리 가족이 도달한 곳이 서울 서쪽의 부천이다. 그곳에서 우리는 성남에서 살던 동네와 비슷한 언덕 위 다세대 주택으로 이주했다.

내가 중학교에 들어가던 해에 우리는 또다시 짐을 쌌다. 이번에는 다른 상황이었다. 신도시 개발로 인해 다른 도시로 밀려난 우리가 개발이 완료된 신도시로 이주한 것이다. 1993년 부천에 중동 신도시가 생겼을 때였고, 우리는 처음으로 아파트로 이사했다. 같은 시기에 생겨난 신도시가 분당, 일산,

평촌, 산본이다. 경기도에 생긴 첫 번째 대단지 신도시로 수도권 1기 신도시라 불리는 곳들이다. 각각 서울로부터 남동쪽, 북서쪽, 남쪽, 남서쪽으로 20km 내의 거리를 두고 있다.[2] 중동은 서쪽으로 20km이다. 드디어 서울의 20km 반경 내에 들어가게 된 것이다! 다세대 주택에서 아파트로 옮기면서, 우리 가족의 잦은 이주는 정주 상태로 바뀌게 되었다. 수도권에 건설된 다량의 주택은 우리 가족뿐만 아니라 당시에 많은 가족에게 안정된 주거 환경을 제공한 계기가 되었다. 당시 수도권 1기 신도시로의 전입자 중 70%가량은 서울에서 이주한 인구이기도 했다. 서울의 주택난이 얼마나 극심했는지를 보여주는 대목이다. 서브토피아는 주변에서 중심을 향하지만은 않는다. 중심에서 주변으로 향할 때 서브토피아의 세계는 중심과 주변을 관통하며 퍼져나간다. 이를 더욱이 활발히 작동시키는 것은 사람들의 욕망이다.

중학교 지리 시간, 서울 주변의 위성도시에 대해 배운 내용이 또렷이 떠오른다. 지리 교과서에도 1기 신도시의 베드시티(bed city, 침낭도시)에 대한 내용이 실려 있었다. 수도권에 존재하던 서브토피아의 풍경이 30년이 지난 오늘날 서울의 한가운데에서 전개된다. 은평뉴타운, 공덕뉴타운, 아현뉴타운, 영등포뉴타운 등 높은 담벼락에 둘러싸인 아파트는 이제 서울에서도 흔한 풍경이 되었다. 이곳에서 밀려난 집, 서울에서 살아온 그 사람들은 도대체 어디로 간 것일까? 2000년대에 들어서자 수도권 2기 신도시가 더 광범위하게 확산되었다. 화성, 동탄, 판교, 운정, 세교, 위례, 검단, 광교, 김포, 평택 등이다.[3] 최근에는 신혼부부나 아이를 둔 젊은 부부가 정착하는 도시이기도 하다. 2기의 광역권은 1기보다 30km

2 권용우, 『교외지역: 수도권 교외화의 이론과 실제』, 서울: 아카넷, 2001

3 임형백, 「한국지역개발의 패러다임 전환」, 『한국지역개발학회 춘계종합학술대회 자료집』, 2012

정도 더 멀어진다. 2기 신도시가 들어서자 부모님은 20년 넘게 산 중동을 나와 일산 끝자락이자 파주 진입로의 새 아파트로 이주했다. 그곳이 아직 다 채워지지도 않았는데, 파주 북서쪽을 따라 끝없이 신도시가 건설 중이다. 서울을 둘러싼 서브토피아는 1990년대에 반경 20km를, 2020년에는 50km를 향해 나간다.

영등포의 한 거리를 걷는데 누군가 뒤에서 내 이름을 부른다. 고개를 돌려 보니 고등학교 때 친하게 지내던 단짝 친구 혜정이가 나를 부르고 있었다. 혜정이와 나는 고등학교 때 두 해 연속 같은 반에서 있었다. 둘 다 이과였고, 키도 비슷하고 성적도 비슷해 자연스럽게 친해졌다. 당시 막역하게 지내던 친구는 혜정이 말고도 네 명이 더 있다. 우리 다섯 명은 함께 몰려다니며 독서실에서 서로 졸음을 깨워주기도 하고, 서울 나들이도 함께 하며 청소년기의 희로애락을 공유했다. 모두 부천에서 살았기 때문에 대학을 뿔뿔이 흩어져 다닐 때도 몇 개월마다 항상 부천역 앞에서 만나 수다를 떨며 각자의 대학 생활과 장래 고민을 공유했다. 그러던 다섯 친구가 서로 연락이 뜸해진 것은 직장을 갖고, 하나둘 결혼하고, 아이까지 갖게 되면서다. 오래간만에 만난 혜정이는 친구들 사이에서도 연락책이었기에 모두의 소식을 잘 알고 있다. 우리 중에는 부천에서 태어나고 자란 친구들도 있었는데, 이젠 아무도 부천에서 살지 않는다. 몇 친구들의 부모님만 여전히 1기 신도시에 살고 있을 뿐이다. 1990년 중반에 지어진 1기 신도시는 우리가 떠난 중동처럼 이제 더 이상 신도시라 불리지도 않는다. 당시에 생겨난 아파트 단지들은 최근에 지어진 뉴타운으로 인해 집값이 내려갔고, 재개발을 추진 중이지만 여러 번 실패했다. 경기도에서도 특히 인구가 많았던 그 도시, 교육열도 높고 범죄율로 높았으며, 수도권 출퇴근 지하철 이용자 1위를 선점하던 그 빽빽한 도시로부터 우리는 모두 탈출하고 싶었던 것일까? 다섯 명의 여고생은 20년이 지난 지금, 서브토피아의 굴레로부터 탈출하는 데 성공한 듯하다. 영등포의 비좁은 방에서 나는 창밖으로 들리는 공사장 소음을 들으며,

1번 국도와 외곽순환도로를 거쳐온 삶의 경로를 되짚어 본다. 서브토피아는 아직 끝나지 않았다.

수도권의 도시 지형도 – 도시 리서치 프로젝트 〈서브토피아〉

오늘날 교외 도시는 '서브토피아'의 괴물인가?
발현될 유토피아인가?

작년에 기획한 도시리서치 프로젝트 〈서브토피아〉[4]는 경기도 공간 지형도에 대한 관심사를 용인이라는 특정 도시로부터 접근한 전시다. 용인을 리서치하면 할수록 도시 공간의 특수함보다는 보편적인 얼굴을 마주했다. 이로부터 전시 주제를 '서브토피아'로 두고, 용인이라는 도시를 경유하여 중심 도시의 "주변부에서 벌어지고 있는 공간 재배치"의 파편을 추적해 보고자 했다. 일곱 명의 참여 작가의 작업은 도시 공간의 확장 속에서 중심과 주변의 틈새와 기형적인 현상, 배제된 장소에 주목했다. 도시 중심 밖으로 밀려났으나 기형적으로 확산된 교외 지형도를 다뤘다. 주변으로 내몰린 것들이 자본에 의해 다시 중심과 가까워지고, 그리하여 새로운 주변이 확장되는 공간적 현상을 파고들고자 했다.

용인은 경기도 도시 중에서도 특히 가파르게 성장해온 곳이다. 1970년대 만해도 10만 명이 살던 한적한 소도시는 40년

4 〈서브토피아〉는 경기문화재단 주최 〈2017 공공하는예술 아카이브 전시〉(2017.10.20–11.3, 따복하우스 홍보관)의 병행 프로젝트다. 전시는 광교에 위치한 모델하우스인 따복하우스 홍보관에서 열려, 도시 공간과 공유지에 대한 논의를 전개했다. 참여 작가는 김남훈, 김태헌, 장석준, 이해민선, 줄리앙 코와네(Julien Coignet), 안성석, 홍철기.

만에 인구 100만의 밀리언 시티가 되었다. 인터넷에서 발견되는 각종 수식어는 용인에 접근하는 단서로 작동하기도 하지만 아무 근거 없이 장소를 규정해버리기도 한다. 용인을 규정하는 흔한 단어들을 태그 형식으로 나열해 보면 다음과 같다.

#100만명 #밀리언시티 #채무제로 #빚없는_도시
#중단된_교각 #경전철 #난개발 #신성장축 #도로공사
#택지개발 #중심지 #교통난 #2035_도시계획
#도시불균형 #개발축 #골프장 #첨단산업도시
#태교도시 #웰빙라이프 #분양 #투자 #경제자족도시
#백남준아트센터 #에버랜드 #한국민속촌

인터넷에서 검색한 단어와 지인에게서 들은 단어, 그리고 기억 속 사적인 경험의 조각들을 맞춰 보려 할수록 단어와 단어는 멀리 떨어져 나간다. 도무지 개연성을 찾을 수 없는 단어들은 각각 흩어진 채로 서로를 마주한다. 난개발과 신성장, 교통난과 개발축, 채무 제로와 중단된 교각 등 양립 불가능한 말들이 쌍이 되어 거울처럼 서로를 바라본다. 하나의 도시에 난개발이라는 오명과 100만 '채무 제로 도시'는 어떻게 서로 공존하게 되었을까? 이러한 의문으로부터 기획하게 된 〈서브토피아〉는 "도시와 공공 사이의 간극"을 도시에 파편적으로 존재하는 장소로부터 더듬어 나가는 작가들의 도시 리서치였다. 일곱 작가의 작업은 유토피아를 향한 유예된 욕망이 어떻게 교외 도시로 수렴, 확산되어 왔는지를 다뤘다. 주변부였던 교외 도시가 새로운 도시 모델로 등극한 시대에 작가들이 리서치한 도시 공간의 모습은 어떠한가? 아래 태그들은 작가들의 용인 리서치 과정에서 도출한 단어들이다.

#보류 #실패 #한계 #진행중인_풍경 #웅덩이
#노출된_땅 #임시적_폐허 #불분명한_터

#보류중인_장소 #녹색사막 #도시_변두리 #골프장
#30만평 #광채 #욕망 #일시적_풍경 #사유화된_영토
#골프 #계급_특권 #분리된_영역 #허구적_상호작용
#도상학 #주변부의_주변부 #당신의_배경
#광주_무갑리 #그린벨트 #개발의_속도 #거리
#버려진_잃어버린_사물들 #화목한_가정 #미래의_도덕
#멸균도시 #이기심과_걱정 #한때의_신도시
#다시_지을_수_없는_아파트 #가난방조제

작가들의 리서치에서는 도시로부터 방치된 영역, 욕망과 실체 사이의 간극과 단절, 공유될 수 없는 영역에 대한 탐구가 담겼다. 수도권, 더 넓게는 중심 도시의 주변부에서 기형적으로 확산되고 있는 교외 도시의 형성 과정에 대한 관찰과 기록, 여전히 '진행 중인 도시', '끝나지 않을 도시'에 대한 탐구다. 서브토피아는 한국 도시의 변형 과정에서 활발히 진행 중인 기제로, 서울 주변부에서 광범위하게 일어난다. 작가들의 리서치에도 담겼듯 비워진 땅은 빈 땅이 아닌, 미래의 개발을 위해 '유예된 땅'이자, '보류된 땅', '대기 중인 땅'이다. 과거의 개발과 현재의 개발, 그리고 미래의 개발 사이에서 유예된 땅덩어리는 그래서 현재의 시간으로부터 흉물스럽게 방치된다.

정주할 수 없는 땅에 들어선 것은 도시로부터 내몰린 것들이다. 매립지, 재활용 수거지, 폐기물 저장고, 중고차 판매처, 물류 컨테이너, 공사가 중단된 땅, 나대지, 건설에 필요한 포크레인, 지게차, 덤프트럭 등 온갖 중장비들이 땅에 나열된 풍경이 펼쳐진다. 도시와 도시 사이의 땅은 마치 건설을 위한 창고 같다. 서울 외곽으로 나가는 버스나 전철을 타면 끝없이 펼쳐지는 풍경이다. 가설적이고 건설적이며 정체를 알 수 없는, 하지만 분명하게 도시로부터 배출되었거나 도시를 향해 대기 중인 것들. 우리 삶도 이 중장비와 폐기물처럼 언젠가 밀려나지 않을까? 노후 지역에 대한 혐오감은 방치된 풍경 때문에

거세진다. 서브토피아가 강하게 작동하는 것은 바로 이 구역이다. 서브토피아는 중심에서 내몰린 욕망의 발현으로만 볼 수 없다. 이는 주변에 방치되지 않기 위해 저항하는 인간의 필사적인 정주 의지이기도 하다. 네언이 런던에서 교외 도시로 출발하며 한 말은 한국의 전원도시, 주변 도시, 신도시의 풍경과도 겹쳐진다.

사우샘프턴의 끝은 카라일의 시작처럼 보일 것이다. 두 도시 사이의 구역은 카라일의 끝이나 사우샘프턴의 시작과 비슷할 것이다.[5]

1972년 네언이 지방 도시로의 투어 프로그램을 계획하며 내뱉은 첫 문장이다. 도시가 획일화, 규격화되던 시기, 그가 우려한 것은 이로부터 제거되어가는 여러 시간대와 상이한 도시풍경, 누적된 삶의 양식과 차이들이다. 그의 말을 그대로 옮겨와 서울을 둘러싼 수도권 풍경에 투사해 본다. "용인의 끝은 광교의 시작처럼 보일 것이다. 두 도시 사이의 구역은 광교의 끝이나 용인의 시작과 비슷할 것이다." 오늘날 한국의 수도권 풍경을 너무나도 절묘하게 묘사해 보인다. 대규모 아파트 단지로 시작하여 또 다른 신도시 대단지로 마무리되는 경기도는 마치 아파트를 시작으로 하여 아파트로 끝나는 것만 같다. 그리고 아파트와 아파트, 건설과 철거 사이에는 방치된 땅들이 쉼 없이 등장한다. 한편, 오늘날 서울의 한 중앙에서도 주변부에서 확장되었던 대단지가 펼쳐진다. 더 폐쇄적이고 규범화된 형식으로 중심을 점유해 나간다. 다시 한 번 네언의 문장을 차용해 본다. "서울의 끝은 경기도의 시작처럼 보일 것이다. 경기도의 끝은 서울의 시작과 비슷할 것이다." 서브토피아는 이제 중심으로부터

5 Steve Parnell, "Ian Nairn: The Pioneer of Outrage", *Architectural Review*, 2014.5.27

주변이 아닌, 주변으로부터 중심을 재변형해 나간다. 서울로부터 나아가던 반경 20km, 50km의 서브토피아는 돌림노래처럼 서울 내부로 퍼져 나간다.

지방 도시의 지속 불가능성

배윤경

1

서울의 한강 이북에서 태어나, 이내 남으로 도하한 뒤, 줄곧 한 동네에서만 지냈던지라 지방 도시에 대한 나의 인식은 지극히 피상적일 수밖에 없다. 그나마 간혹 접점이 생긴다면 최근 네이버에서 오픈한 '우리 동네' 서비스를 통해 지역 축제와 맛집을 슬쩍 보는 정도에 불과하다. 내가 사는 도시를 벗어난 경험은 네덜란드 유학 시절에 몇 곱절은 많았다. 당시 네덜란드 신도시에 관한 책을 내겠다며 여기저기 쏘다닌 탓에 그 수만 따지면 서른 개의 도시를 다녔고, 그렇다 보니 남의 나라 형편이 더 친숙한 지경이다. 지방 도시에 대해 생각이 오르락내리락할 때 시소의 반대편에는 이러한 개인적 체험이 비교 대상으로 놓여있다.

요즘 들어, 예능 프로그램이나 문화 콘텐츠에서 일종의 경향을 감지했다. 점점 축소되어 가는 도시를 구원하는 방편으로 느슨해지는 공동체의 결속을 다지려는 의도랄까. 나아가 부부와 자녀가 함께하는 가정의 행복한 이미지를 개인의 지향점에 옮겨 두려는 시도 또한 병행된다. 〈1박 2일〉이 전국 방방곡곡을 돌며 수행한 역할은 누구나 실감할 것이다. 관광객을 유치하려는 그 어떠한 홍보 수단보다 방송의 파급력은 위대했다. 사람들은 연예인들과 똑같은 포즈로 사진을 찍으러 먼 길 마다하지 않고, 그들이 맛있게 먹은 음식을 찾아 시장 깊숙한 식당에서 줄을 선다. 이렇게 분명한 '야생 로드 버라이어티'의 성격만큼, 연예인 자녀들의 일상을 전시한 〈아빠 어디가〉, 〈슈퍼맨이 돌아왔다〉도노골적이다. 하다못해 이제는 다 늙은 연예인 – 자녀를 측은하게 바라보는 〈미운 우리 새끼〉와 같은 종류도 있다. 물론 〈나 혼자 산다〉와 같은 프로그램도 있지만, 결혼 적령기를 넘긴 사람이 혼자서도 잘 사는 모습을 조명하려는 의도인지는 딱히 모르겠다. 그 프로그램 또한 방송을 계기로 싱글 출연자들이 연인으로 발전되기 위한 장대한 밭고르기에 가깝다. 일반인 짝짓기 프로그램은 여전히 명맥을 유지하고 있고, 낯선 타인끼리 한집에 머무는 〈집사부일체〉, 〈효리네 민박〉, 〈비밀 언니〉를 비롯해, 인정과 온정을 강요하는 〈한끼줍쇼〉 같이 유사 가족을 강조하는 프로그램이 일상 깊숙이 침투했다. 온갖 부조리가 만연한 이 나라를 굴러갈 수 있게 했던 특유의 정서, 즉, 우리가 남이냐는 한집안의 의리와 결속은 현재 위기를 맞고 있다. 비혼, 이혼, 기러기 가족으로 가정은 빠른 속도로 해체되고, 아이를 낳아도 기를 여력이 안 된다는 위기감이 팽배한 시기에 가족주의의 부활은 거국적 합의 없이도 자연스레 나올 수밖에 없는 기획인지도 모른다.

일본 만화는 고도성장기인 1980년대에는 기세가 우주까지 향해 사이버펑크와 SF를, 1990 – 2000년대에는 다시 지구로 안착해 우정, 노력, 승리를 주요 테마로 삼았다. 만화계 선배들이 흥미로운 소재들을 깡그리 소비한 지금은 어떨까. 헐리우드 영화와 마찬가지로 블록버스터급 작품은 사라진 지 오래고, 지난 콘텐츠의 리메이크나 스핀오프가 빈번하다. 장기 경기 침체로 인한 '사토리(달관) 세대'의 등장과 때를 같이 하여 지극히 소소한 일상이나 지방 소도시를 무대로 한 이야기가 늘고 있다. 다니구치 지로 원작의 〈고독한 미식가〉는 96년에 완결되었으나, 2008 – 2015년 동안 다시 연재를 재개했고, 현재는 드라마로 인기를 끌고 있다. 하지만 거기에는 〈심야식당〉과 같은 삶의 역정이나 희로애락이 없다. 중년 남성이 혼자 동네 식당을 돌며, 조용히 밥을 먹고, '우마이(맛있다)'를 외치는 것이 전부다. 가장 커다란 갈등이라면 어떤 메뉴를

먹을지 고민하는 정도랄까. 〈깨끗하게 해주시겠어요〉는 젊은 여성이 인구 3만 7000의 작은 항구도시 아타미에서 세탁소를 운영하는 이야기다. 〈고양이 절의 지온 씨〉는 이제 막 스무 살인 여성이 시골의 낡은 절을 잇기 위해 농사도 짓고, 동물도 돌보고, 하숙하는 친척 동생도 보살핀다는 내용이다. 〈다가시카시〉는 인구 4만 5000의 훗쓰 시로 추정되는 곳에 있는 막과자 판매점을 무대로 한다. 가업을 잇고 싶지 않은 소년과 막과자 마니아인 여성을 중심으로 매회 1970–1990년대 인기 있던 막과자들을 발굴하는 내용이다. 대도시의 혼잡과는 거리가 먼 장소에서 자신의 처지를 수긍하는 젊은이들의 평범하고 낭만적인 일상을 다루는 이런 작업이 늘고 있다. 그러나 마루야마 겐지는 『시골은 그런 것이 아니다』(원제: 시골에서 살해당하지 않는 법)에서 독설과 냉소로 가득한 목차로 귀촌을 꿈꾸는 젊은이들에게 엄중한 경고를 내린다. 전원 풍경에서의 낭만과 평화, 손쉽게 구하는 신선한 식재료, 정기적인 노동으로부터의 건강한 신체, 안분지족의 삶, 이 모든 것이 허상에 불과하다. MBN의 교양 프로그램 〈나는 자연인이다〉에서 문명의 이기를 거부하고, 자연과 합일된 삶을 추구하는 사람들을 보라. 그들이 얼마나 제멋대로이며, 자급자족일 듯하지만 부인의 노동과 도시의 공산품에 얼마나 기대고 있는지.

2

복잡한 인간관계에 염증을 느끼고, 사람에게 얻은 상처를 치유하겠노라 내려간 시골에서 삶을 가장 위협하는 것 또한 사람이다. 이웃 간의 물리적 거리가 상당한 미국 전원에서도 사람이 제일 무섭다. 연쇄살인마가 갑자기 총을 난사하고 사방에서 비명이 터져 나와도 그 끔찍함이 이웃까지 닿지 않을 것이라는 데에서 오는 두려움. 그 공포가 미국에서는 낯선 이방인으로부터 비롯된다면, 한국 시골에서는 면식인에게서 온다.

매일 보는 사람들, 일상에 깊숙이 개입하며 나의 처지를 누구보다 속속들이 아는 이웃이 알고 보면 가장 무서운 존재다. 이를 가장 잘 드러낸 콘텐츠가 만화 〈이끼〉와 영화 〈불신지옥〉이다.

〈이끼〉에서는 주인공 류해국이 죽은 아버지가 살던 시골 마을에 머물기로 하면서부터 분위기가 냉랭해진다. 이장으로부터 이상한 낌새를 읽고 조심스럽게 그와 주변인들의 행적을 감시하지만, 정작 감시당하는 쪽은 해국이다. 그에게 방을 빌려준 여인, 한눈에 내려다보는 언덕 위의 집, 이장의 양아들이나 다름없는 관할 경찰의 불법 사찰, 자동차에 심어둔 추적기, 가능한 모든 수단을 동원해 해국의 동선을 낱낱이 파악하는 감시망은 흡사 거미줄과 같아서 일방적인 게임이다. 가장 가까운 이웃뿐 아니라 마을 권역을 넘어 이장의 손이 뻗치지 않은 곳이 없다. 중앙의 제도가 닿지 않는 깊은 계곡에서 부동산 이권을 추종하는 세력을 등에 업은 이장은 살아있는 법이자 제왕이다. 부패한 종교는 신도를, 남성은 여성을 착취하는 가운데 아무렇지 않게 해는 마을을 내리쬐고, 사람들은 다시 논밭을 향한다. 베트남전에서 민간인을 죽였다는 트라우마를 끝내 극복하지 못하고, 아무도 찾지 않는 시골에서 종교적 교리에 기반한 유토피아를 건설하려 했던 해국의 아버지는 뒤늦게 자신의 무력함을 깨닫고 마지막 남은 삶의 의지를 내려놓는다. 윤태호 작가의 경험에 따른 시골은 여전히 근대의 혼탁한 구조가 고착된 절망의 땅이었다. 이용주 감독의 〈불신지옥〉은 소통 불가능한 광신이 어떻게 평범한 일상 한가운데에 지옥을 소환하는지, 그 그릇된 믿음에 관하여 섬뜩한 관점을 제시한다. 토착 신앙의 자리를 차지하면서 본래의 계율에서 어긋나버린 기독교, 종교에 미쳐 자식마저 내팽개친 어머니, 역시 베트남전의 기억을 갖고 빨갱이 타령을 하는 수위 등이 귀신보다 귀신들린 인간이 더 무섭다는 주제의식을 뒷받침한다. 무대를 시골에서 아파트로 압축시켰을 뿐, 서로가 감시의 대상이며 소문의 희생자이자 확산자라는 공동운명체라는 설정은 〈이끼〉와 동일하다.

이용주 감독은 건축가 출신답게 공간의 분위기에 공을 들였다는 점이 흥미롭다. 굳이 저기에 지어야 하나 싶을 정도로 논밭을 배경으로 덩그러니 놓여있는 아파트, 그래서 되려 낯설고 으스스한 그 존재를 목도한다. 이질적으로 들어선 아파트는 렘 콜하스가 1972년에 발표한 「대탈출, 혹은 건축의 자발적인 수감자들」[1]을 닮았다. 대도시 런던의 혼잡과 생존의 위협에서 벗어나기 위해 엄격한 규율이 지배하는 장벽 너머로 기꺼이 도피한다는 영화적 시나리오는 도시를 둘러싼 다양한 갈등 상황마다 안티테제로 호출될 수 있다. 등장인물들의 경우 도시적 삶이 아닌 농촌의 풍경을 혼돈으로 규정하고 같은 종교를 가진 자신들만의 비지(enclave)를 구축하여 틀어박힌 처지가 그러하다.

불길한 일점 투시 미장센이 펼쳐지는 〈불신지옥〉의 편복도 아파트와 〈이끼〉의 마을 구조는 제러미 벤담의 파놉티콘을 떠올리게 하기도 한다. 파놉티콘의 구조 자체는 집합 주거와 최소 주거에 대한 실험이다. 근원을 좇으면 최대다수의 최대행복이라는 유토피아의 정신에 도달하지만, 대다수의 집단에서는 권력의 하부를 대상으로 한 기만으로 작동한다. 뿐만 아니라, 원작 만화에서의 무시무시함은 왜곡된 가족주의가 지배하는 정서다. 당연하게도, 모든 소도시 혹은 시골이 그럴 리 없음을 강조한다.

쇠락한 도시나 시골에 대한 활성화 계획이 있을 때, 아무리 좋은 계획을 세운다 하여도 폐쇄적인 내부의 정서를 규제할 장치가 필요하다. 토머스 모어가 기술한 『유토피아』는 무엇보다도 개인의 욕망을 최소화하며, 엄격한 제도와 규율이 지배하는 세계다. 철학자 이진경은 공동체에 관해 다음과 같은

1 O.M.A, Rem Koolhaas, Bruce Mau, “Exodus, or the Voluntary Prisoners of Architecture”, *S.M.L.XL*, 2–21쪽

성격을 밝혔다. "영토성을 갖는 것은 모두 경계를 유지하고 경계 내부의 정체성과 동질성을 유지하려는 성향을 갖는다. (중략) 수많은 공동체가 성공하는 동시에 좌초하는 곳이 바로 이 지점이다."[2] 도시재생 선도지역인 영주에서의 사업을 기록한 건축도시공간연구소(AURI)의 보고서[3]는 주민들 스스로 경계를 설정하고 편가르기를 하는 데에 안타까움을 언급했다. 인구 고령화에 따른 노동력 부족과 충분한 사업비 부족은 그야말로 당장 어쩔 수 없는 한계이지만, 소위 시골 인심으로 대변되는 소도시의 고착된 정서야말로 이제는 내려놓아도 좋을 구태의연함이 아닐까.

3

2006년 출간된 『감소하는 도시들』(*Shrinking Cities*[4])은 유럽 도시의 소멸을 예측하며 다각도의 위기 진단과 해법을 제시한 바 있다. 그도 그럴 것이, 지금 제조업 시장이 대거 중국으로 이동하며 발생한 산업도시의 흥망성쇠를 유럽은 이미 70년대에 겪었다. 제철·조선업으로 번성했던 스페인 빌바오에 구겐하임 미술관이 들어서거나, 스웨덴 말뫼가 북유럽에서 제일 높은 터닝 토르소를 지으며 친환경 도시로 전환하게 된 배경으로는 한국의 성장을 논하지 않을 수 없다. 말뫼를 상징하던 골리앗

2 이진경, 「마을 공동체에서 마을 없는 공동체로」, 『어번 이슈: 함께 사는 도시를 위한 제안들』, 2017년, 정림건축문화재단 발행. 151쪽

3 반영선, 「역전(驛前)의 역전(逆轉)이야기, 영주」, 『건축과 도시공간』, 2016년 가을호, 29쪽

4 Robert Fishman, Gordon Matta-Clark, Robert Smithson, Rem Koolhaas, *Shrinking Cities: Volume 2: Interventions*, Hatje Cantz Publishers, 2006 (편집자 주)

크레인은 2003년에 단돈 1달러에 팔려 울산 현대중공업 선박 건조장으로 옮겨졌고, 이제는 우리가 눈물을 흘릴 차례가 되었다. 2014년 일본에서는 『지방소멸』이, 작년에 한국에서는 『지방도시 살생부』가 출간되며, 지방 도시들이 감소(shrinking)의 수준이 아니라 당장 생사를 따져야 하는 지경에 이르렀다고 경고했다. 책에 따르면, 우리나라 230여 개 시·군·구 중 이미 반 이상이 쇠퇴했으며, 2040년에는 지자체의 30%가 파산할 가능성이 높다. 책을 읽지 않아도 우리는 이 위기의 원인을 잘 알고 있다. 경제는 침체하고, 그럼에도 물가와 부동산은 치솟고, 젊은이들은 꿈을 저당잡혔으며, 따라서 아이를 낳지 않고, 상대적으로 노령 인구는 급증하는 현실 말이다.

물론 정부가 그간 손 놓고 있지는 않았다. 정부는 2014년 '도시재생 활성화 및 지원에 관한 특별법'에 근거하여 도시재생 선도지역을 선정해 사업을 진행 중이며, 도시재생 이슈는 현재 가장 빈번하게 언급되고 있다. 매년 10조씩, 총 50조 원을 투입하는 '도시재생 뉴딜사업'에서 정부는 작년 말에 중앙정부가 24곳, 광역지자체가 44곳의 시범사업지를 선정하였고, 3월에는 로드맵을 발표하였다. 4월부터는 18곳의 문화영향평가를 진행하며 구체적인 컨설팅을 진행할 예정이다. 정부가 발표한 로드맵은 각 지역에 따라 실행 방식의 차이가 있을 뿐, 대단한 묘안이 있는 것은 아니다. 신도심의 등장으로 쇠퇴한 구도심의 인프라를 정비하고, 청년 창업과 혁신 산업의 거점 공간을 마련하고, 지역 문화를 육성하고 아름다운 자연경관을 개선하고, 이 모든 과정에 주민 참여를 유도한다는 계획이다. 지속 가능성의 세 가지 요소인 사회, 경제, 환경을 골고루 아우르는 계획은 적절히 시행될 경우 분명 눈에 띄는 성과를 기대할 수 있을 것이다. 누구보다도 전문성을 갖춘 인력으로부터 도출된 제안이니 반론의 여지가 없다.

그 대신 정론에서 벗어난 엉뚱한 얘기를 꺼내 본다. 쇠퇴하는 중소도시들은 어디까지 살릴 것이며, 어느 선에서 포기할 것인가. 혹시 국토균형발전의 가치를 위해 한데 모아도 부족할 힘을 분산시키지는 않는지. 네덜란드가 83만 5000호의 주거를 공급하려는 목적으로 88년부터 계획한 '비넥스(Vinex) 신도시'가 어떤 측면에서 실패했는지 거론해 본다.

네덜란드는 댐을 세워 바닷물을 막고 소금기 가득한 펄을 간척해 국토의 2/3를 마련했다. 댐이 무너져 도시가 잠기거나 여름에 녹은 알프스의 눈이 낮은 땅을 찾아 내려오다 국토를 덮치는 재해와 싸우며 지금의 사회를 건설하였다. 자신들이 일군 땅은 가장 큰 자산이고, 정원 딸린 단독 주택에서의 삶은 모두의 로망이다. 어디에서나 지평선이 보일 정도로 평지만 이어지는 땅에서는 근교로 주택이 무분별하게 확장되는 스프롤 현상이 벌어진다. West8의 대표인 아드리안 회저(Adriaan Geuze)는 1995년 네덜란드건축협회 건물의 바닥에 나무로 만든 작은 집 모형 80만 개를 발 디딜 틈 없이 빼곡하게 깔아둠으로써 개인의 욕망을 모두 충족시키면 어떤 비극이 펼쳐지는지 단적으로 보여주었다. 중앙정부도 이러다가는 전 국토가 건물로 뒤덮일 것이라는 위기감을 공유하고, 란스타트로 불리는 주요 4개 도시[5]를 아우르는 중심 지역을 개발제한구역으로 지정, '그린하트'로 명명했다. 중심을 비우고, 주변의 개발을 촉진하는 국토계획은 흡사 맨해튼과 센트럴파크의 관계처럼 극단적인데, 한창 도발적인 계획으로 기존 발상을 전복시켰던 렘 콜하스는 거꾸로 센트럴파크를 맨해튼화 하는 개념을 제시했다.

1993년, 'Unlearning Holland'[6]라는 제목의 연구는 네덜란드가 그간 전 국토를 인공적으로 구축했으면서, 거꾸로 자연의 순수함을 주창하는 아이러니를 지적했다. 콜하스에게 있어 균형 발전이라는 오래된 전통을 수호하기 위해 자꾸만

5 암스테르담, 로테르담, 헤이그, 위트레흐트(편집자 주)

6 O.M.A, Rem Koolhaas, Bruce Mau , *S.M.L.XL*, 888-893쪽

국토가 점조직화되는 상황을 저지하지는 않는 현실, 그래서 도시의 규모가 국제적인 세력을 형성할 정도의 메트로폴리스가 되지 못함에 분개한다. 그래서 그는 뉴욕, LA와 같은 도시의 면적과 밀도를 기준으로 네덜란드의 모든 도시를 하나로 크게 합치는 계획을 세웠다. 여기서 다시 두 가지 갈래가 생기는데, 하나는 그린하트를 중심으로 동그랗게 채우는 '포인트 시티'와 독일, 프랑스와의 관계를 위해 국토 경계선 남쪽을 채우는 '사우스 시티'로 나뉜다. 물론 얼토당토않은 계획이다. 그 모든 도시가 한데 뭉치려면 백 년이 걸릴지도 모른다. 하지만 자신들의 손으로 땅을 만들고, 지구온난화를 대비해 도시가 배처럼 떠다니는 계획을 진지하게 세우는 그들에게는 꼭 그렇지만은 않을 수 있다. 매년 홍수가 나는 지역에서의 주거는 어떠해야 하는지를 모색하는 워크숍에서 코디네이터였던 아드리안 효저는 그러한 상황조차도 하나의 연례행사로 기쁘게 받아들일 수도 있지 않겠냐 했을 정도다. 대규모 홍수로 도시 전체가 위기에 처했을 때 인근 작은 도시에 가까운 댐을 터뜨려 희생을 줄이는 계획이 제안된 적도 있다.

우리에게도 일견 터무니없어 보이는 발상을 들어주는 여유가 있을까? 도저히 가망 없는 지역은 깨끗하게 포기해도 괜찮지 않을까? 그렇다면 기왕 사라지는 마당에 마지막을 기념하는 것은 또 어떨까? 대단지 아파트 프루이트 아이고의 폭파 장면이 모더니즘의 종언을 고하는 순간으로 역사에 길이 남았듯 말이다. 라스베이거스 스타더스트 호텔의 폭파는 일종의 축제이자 화려한 은퇴식으로 생중계되었다. 이미 기능을 상실한 건물을 자르거나 해체했던 고든 마타-클락과 같은 아티스트를 따라 해도 좋겠다.

그런데 지금 네덜란드의 신도시계획은 어떻게 되었을까? 모든 지자체가 중앙정부를 상대로 자신들의 비넥스를 요구한 끝에 '집중화된 분산'이라는 이도 저도 아닌 슬로건이 내걸렸고, 다시 맞이할 일 없을 대규모 주거 단지 건설은 신도시라고 부르기

민망한 규모로 뿔뿔이 흩어졌다. 압축적이고 입체적인 도시를 계획해야 한다는 도시계획가들의 진단이 무색하게, 너무 작아서 구글 뷰에서 찾기도 어렵다. 개발업자의 분양용 브랜딩에 휘둘려 중세 고딕이나 바로크의 어휘가 적용되기도 하였다.

네덜란드 비넥스 계획의 엉뚱한 실현 과정은 한국 도시에서도 심심찮게 일어난다. 정치 논리에 휘둘려 동력이 분산되는 것도 문제지만, 계획의 구체적인 실행 단계에서 모두의 의견을 만족시키려다 시대착오적인 미감으로 덧칠되는 것 또한 가장 우려하는 점이다. '르네상스'라는 상황에 맞지 않는 그럴싸한 이름을 거론하거나, 익숙해하는 다수를 위해 토속적이고 키치적인 장식으로 공공장소를 망친 예를 우리 주변에서 숱하게 찾을 수 있다. 이제는 하트와 태그로 작동하는 소셜 미디어의 납작한 세계도 경계의 대상이다. 각 지역에 어울리는 미감은 무엇인지 생각해야 한다. 언제나 비전문가를 수용한 전문 분야에서는 가장 좋지 않은 방향으로 결론이 나곤 했다는 점도 상기해야 한다. 지방 도시의 지속 (불)가능성을 논하는 자리에서 이러한 측면은 어디에 끼어들어야 할지 따져 볼 일이다.

건축공간 생애주기의 순환

황지은

몸의 지속

이제는 100세 시대. 몸의 질병과 고통을 이겨내고 오랫동안 건강한 삶을 유지하는 것, 유구한 인류 문명을 통해 꾸준히 추구해 왔던 이 근원적 목표는 100세 시대를 외치는 지금도 여전히 유효하다. 그러나 늙지 않고 죽지 않는 삶에 대한 동경은 아이러니하게도 대비 없이 오래 살게 되는 삶에 대한 고민으로 이어진다. 그러다 보니 삶과 죽음을 선택의 권리로 보게 되는 생소한 철학적 문제에까지 이른다.

영속하는 삶에 대한 가치관을 세우기엔 노령화 저성장 사회는 너무나 갑작스럽게 다가왔다. 우리 세대는 생애주기 안에서 사회의 평균 수명이 급격히 늘어나는 독특한 경험을 하고 있다. 생체적 나이와 사회적 나이, 그리고 사회의 나이가 살짝살짝 어긋나면서 그동안 과거 사실을 기반으로 하던 예측과 계획이 무의미해진다. 예측하기 어려운 미래를 대비하느라 현재를 희생하지 말고 현재를 충실히 보내자는 삶의 태도를 실천하는 사람들이 차츰 주목받기 시작한다. 평균 수명의 눈금자를 60에서 80으로 옮기는 순간, 수많은 사회제도 사이사이에 틈새가 벌어지고, 그 틈으로 개개인의 삶에도 크고 작은 진동이 전해진다. 몸으로 비롯된 우리의 삶의 진폭이 늘어가면서 몸의 복잡한 연결로 이루어져 있는 사회는 더불어 크게 공진한다.

생명 연장의 꿈은 우리 도시에 투영된다. 우리 몸이 조금 더 오래 지속되니, 도시 몸의 수명도 늘어난다. 숨가쁘게 건물을 짓고 쉽사리 부수는 과정의 당위가 약해지고, 오히려 왜 그리 서둘러 왔는지에 대해 회고와 반성이 이어진다. 도시재생이 시대의 화두로 등장하고, 법정 건축물 내구연한도 늘어나, 우리가 이대로 더 살아도 되는 (혹은 더 살아야만 하는) 것에 대해 인정하기 시작했다. 생각보다 건물을 더 오래 쓸 수 있다는 사실을 인정하고 나면, 물리적 노후도가 그리 위협이 되지 않는다. 오히려 고쳐 쓰고 다시 쓰는 방식으로 기술을 부릴 수 있는 정당한 이유가 된다. 건축물의 생명주기를 좌우하던 시장 가치에 새로운 가치체계가 부여되면서 새로운 시장이 생기고 있다. 늙은 건물과 함께 지내기 위한 신산업이 등장하고 있으며, '나의 살던 고향'이 꽃피는 산골이 아니라 콘크리트 아파트 단지였다는 감성적인 고백이 이어진다. 빠르게 대량으로 공급되었던 아파트의 무명성은 세월을 함께 지켜온 기억의 배경으로 대체 불가한 공동의 정신적 랜드마크가 된다. 우리의 몸과 도시의 몸이 상호작용하며 이를 둘러싼 인식체계를 유기적으로 바꾸고 있는 것이다.

영속하는 집합 기억

도시는 개인의 삶과 군집체의 공동기억을 연결한다. 도시의 몸을 이루는 도로, 공원, 건축물, 교통, 인구 등의 요소들을 계획하고 실행하고 사용하는 모든 사람의 개별적 공헌이 연결되어 도시의 실체를 이루기 때문이다. 따라서 도시의 몸은 계속 진화하고 영속한다. 설령 어떤 구역 어떤 건물이 통째로 사라졌다 하더라도, 인접한 영역에 남은 흔적들은 여전히 진화의 정보를 내포하고, 그곳에서 삶을 이루었던 사람들의 몸과 기억에 지속된다. 우리는 할아버지의 할아버지의 할아버지가 겪었을 일상을 현재의 도시 곳곳에서 느끼며, 느낄 수 없다면 애써 느끼고 싶어 한다. 한번 뿌리내렸던 도시의 몸은 쉽사리 사라지지 않는다. 우리의 지식과 경험은 그렇게 도시의 몸에 저장된다. 그래서 우리는 익숙한 도시에서 더 깊숙한 정서적 안정을 찾는다.

우리가 타인들과 공유하는 집합기억은 개인의 판단과 행동을 이끄는 중요한 기준이 된다. 윤리, 풍속, 관습 등은 집합기억을 바탕으로 축적된 일련의 행동규범이고, 우리는 주어진 환경에 이를 실행하고 적용하며, 다시 환경을 그리고 그 규범을 고쳐나간다. 근대를 지나며 우리의 집합기억은 성장과 개발이라는 사회적 대의를 중심으로 형성되어왔고, 그렇게 우리의 도시를 현재의 모습으로 만들어왔다. 그러나 이제 명료한 공동 대의가 분절되기 시작했고, 규범들은 다원화되고 개인화되고 있다. 선언적인 명분보다는 작은 개인의 경험과 욕망의 촘촘한 연결망으로 집합기억은 형성되어 갈 것이다. 사망선고를 받아 없어질 운명에 놓인 건물에도, 강렬한 목표의식 없이 우연히 생존한 골목 가게에도, 도시에 축적된 집합기억의 힘으로 건축공간의 생로병사는 새로운 국면을 맞게 된다.

생애주기의 파생: 몇 가지 소소한 증거

건축공간의 생애주기는 건물과 공간의 실존에만 국한되지 않는다. 지어지기에 앞서 계획했던 많은 생각, 용도와 기능을 소실하고도 든든히 남은 구조물, 반짝이는 세월의 흔적, 언제나 아련한 추억, 은밀한 부동산 셈법과 격정적인 정치적 담론 등 수많은 변수마다 변곡점을 이룬다. 그리고 우리는 어렵지 않게 매일 매일의 삶에서 그 변곡점에 놓인 건축공간을 체감하고 있다.

50년간 조용한 주택가였던 연남동은 지난 3년 동안 폭발적인 변화를 겪었다. 경의선숲길을 산책하다 커피 한 잔을 하려는 젊은이들에게 카페로 리모델링된 불란서식 2층 양옥주택의 거칠한 콘크리트 피부는 멋진 사진 배경일 뿐이다. 하지만 그 집에 살던 이웃을 기억하는 사람들은 어느 날 아침 그 앞을 지나치며 그들의 안부가 문득 궁금하고, 비슷한 시절을 공유하는 사람들은 어린 시절 뛰어다니던 비슷한 그 골목길을

연남 방앗간 (사진제공: 어반플레이)

회상한다. 카페를 운영하는 청년 상인은 옛 주인의 이야기를 버무려 사업의 매력적인 홍보 내러티브를 만들어 판다. 어떤 아기자기한 옷가게는 양옥주택의 주차장에서 빼꼼하게 장사를 시작하고, 기찻길 옆 연립주택을 짓고 살면서 딸내미들을 모두 출가시키고 조촐히 살던 노부부는 매일 찾아오는 부동산 중개업자의 매도 설득에 고민이 깊어진다. 부리나케 허름한 집을 부수고 임대에 최적화된 빌딩을 짓는 이도 있고, 시가의 몇 배를 상회하는 가격을 지불하여 오래된 주택을 매입하고 보존하는 이도 있다. 이런 변화의 속도가 지속될까 봐 걱정하는 목소리와 모처럼 찾아온 활기를 즐기는 표정, 그런 한편에는 지가 폭등에 조용히 웃음을 삼키기도, 또 분노하기도 하는 확연한 온도 차가 존재한다. 연남동의 건물들은 50년어치 조밀하고 단단한 나이테 밖으로 불쑥불쑥 크고 작은 새순을 내고 있다. 비교적 균질한 생애주기로 구성되어 있던 도시의 몸에 새로운 생장점이 생겨났다. 지금까지 축적된 집합기억을 뿌리로 내리고 이제 제각각 새로운 형태로 진화 혹은 변이될 태세다.

39살 된 둔촌주공아파트는 현재 재건축을 위한 철거가 진행 중이다. 70년대 말 급격한 인구 팽창을 겪고 있던 서울의

『안녕, 둔촌주공아파트』 출판 시리즈 (사진제공: 이인규)

주택 공급에 숨통을 틔워주었던 대규모 아파트 단지 중 하나다. 빠른 속도로 이곳에서 삶을 펼쳤던 이들은 광활한 대도시 안에서 안락한 마을을 꿈꾸면서도, 또 한 번 급속 성장의 기회를 강렬히 소망했다. 1990년대부터 이미 재건축에 대한 논의가 활발히 진행되어 왔으니, 이 아파트는 생애의 반 이상을 죽을 각오로 버텨온 셈이다. 그렇게 오래간 재건축의 욕망이 무르익는 동안에도 여전히 그곳을 터전으로 그들의 삶은 무럭무럭 울창하게 성장했다.

진작부터 죽음을 인지하고 있었던 일상도 막상 상실의 순간이 다가오자 매우 특별해졌다. 둔촌주공아파트를 고향 삼아 살아가던 청년들의 울창한 또래 기억은 새로운 이야기로 재탄생하여 같은 시대를 사는 우리에게 큰 공감대를 일으키고 있다. '안녕, 둔촌주공아파트'라고 다정한 이별 인사를 전하는 옛 동네 친구들의 잔잔한 이야기는 출판, 영화, 행사 등 일련의 문화 창작물로 생산되고, 상실을 일상으로 견뎌야 했던 우리 삶을 되돌아보게 한다. 매끈하고 훤칠한 재개발 계획 조감도의 아파트와 어느덧 건물보다 키가 더 커진 나무들 사이로 주름살 깊게 패인 아파트 영상을 번갈아 보며, 묘한 노스탤지어를 나지막히 고백하는 이들의 체온이 서로에게 느껴지기 시작했다. 물론 느슨한 연대의 힘으로 강렬한 욕망의 높이를 단번에 뛰어넘을 수는 없었지만, 공감의 힘은 최근 재개발 아파트의 일부를 남겨두자는 움직임으로 이어졌다. 이 아파트의 몸은 이미 소멸하고 있어도, 모두의 기억 속에 자리하는 새로운 집합기억으로서 영속의 생명을 얻고 있다.

새로운 생장점과 미시적인 역동성

최근 서울 한복판에 50년간 흥망성쇠를 겪어온 세운상가 일대에 '다시 세운'이라는 솔깃한 제목의 도시재생 프로젝트가 진행 중이다. 지어진 그때부터 지금까지 당대 건축계의 화두를 이끌던 거대 건축 세운상가는 근대화의 상징, 역사 맥락과의 마찰, 신산업의 부흥과 쇠락 등 끊임없는 담론을 형성해왔다. 각종 도시 정비 계획이 수립되고 단행되며 대규모 국제 공모전을 통해 수많은 생각과 의견이 펼쳐졌지만, 역설적으로 이런 관심들이 어느 순간 이 지역의 시계를 멈춰버렸다. 정치가들과 전문가들의 머리와 입으로 수없이 부수고 다시 지었던 세운상가는 변함없이 그 자리에 남아있다. 건축적 애증과 시대적 욕망을 대대손손 물려온 이 지역에서는 그럼에도 불구하고 매일 매일을 열심히 사는 작은 제조 공장의 기계들이 끊임없이 돌아가고 좁은 골목 사이로 오토바이는 여전히 분주하게 움직인다.

도시의 몸과 우리의 몸이 연결되어 있다는 것을 공공정책으로 인정하기 시작한 지는 얼마 되지 않았다. 도시계획상에 그려지는 지도 위 점, 선, 면에 걸쳐 있는 삶의 경계가 과연 어디까지일까. 건축외곽선, 필지경계선, 도로중심선, 지구단위경계선, 겹겹이 겹쳐있는 도시 건축 공간의 경계선상에 우리 몸의 경계는 쉽게 보이지 않는다. 빼곡한 을지로 금속공장 골목길, 높은 필로티 주차장을 마주한 전자제품 상점들, 숙성된 규범으로 관리되고 있는 세운상가 5층 아트리움을 걷다 보면,

다시세운시민협의회 시장님 감사패 프로젝트 (사진제공: 이택수)

오래된 건물의 체취가 우리 몸의 경계를 느끼게 한다. 때로는 매우 가깝게, 때로는 매우 명확하게, 때로는 점점 넓게, 때로는 점점 모호하게. 어떤 이는 몸을 움츠리고, 어떤 이는 활보한다. 이곳을 기억하는 사람들이 품는 보편적인 정서는 분명하지만, 각기 몸으로 느끼는 도시의 경계에는 편차가 매우 크다.

'다시 세운'의 차별점은 눈높이에서 보이는 사람들의 존재를 도시계획 안에서 함께 다루려 한다는 점이다. 종묘와 연결되는 세운광장, 다시 연결된 보행교와 새로 조성된 메이커스 큐브, 새롭게 개방된 세운옥상 등 도시의 몸을 만지는 구축 과정은 익숙한 공공 프로젝트의 일면이다. 그러나 강력한 공권력과 공적 자원을 투자하여 이룩되는 대규모 관급 공사가 이번에는 어쩐지 자세히 들여다봐야 보이는 소극적인 결과로 느껴지기도 한다. 그동안 지속되었던 그 많은 급진적 건축 담론들이 모두 무색하게 말이다. 서울시는 물리적 개발보다 사회적 승계에 방점을 찍었다. 이곳에서 기술자로 평생을 살아온 사람들을 기술 장인으로 인정해 주고, 젊은 기술 기반 창업·창작자들의 활력을 덧대어 도심창의산업이라는 지향점을 만들었다. '다시 세운'은 고목을 뽑고 새 나무를 심기 보다는, 가지치기를 하고 날카로운 칼집을 내어 접붙이기를 시도했다. 새로운 생장점이 이식된 곳에는 지금 부글부글 역동적인 화학반응이 벌어지고 있다. 이곳의 집합기억은 이곳을 겪은 사람들의 시간과 경계의 편차가 큰 만큼 몹시 다양하기 때문에, 새 생장점의 성장 방향은 아직 예측하기 이르다.

모두의 기대와 걱정이 뒤섞인 채, 이곳을 기반으로 하는 사람들의 모임이 생겼다. '다시세운시민협의회'라 이름 지은 이 모임에는 기존에 활동하고 있던 주민회 회장단, 상인연합회 사무국과 기술장인 대표를 비롯하여, 서울시에서 전략기관으로 초대한 씨즈, 사회적경제지원센터, 서울시립대학교, 팹랩서울 등과 메이커스 큐브에 입주한 창업자, 을지로 지역에서 활동하는 예술가, 다시세운 프로젝트를 실행하는 활동가와 서울시 주무

부처 담당자가 모두 모여 있다. 이 모임은 쓰레기 수거규칙, 크리스마스트리 설치, 주차권 발행 등 기존 결정 체계에서는 느릿느릿 이루어지던 실질적인 안건을 매우 빠르게 처리해냈다. 그러던 차에 주민회 회장의 제청으로 일련의 변화를 주도적으로 이끈다는 의미로 서울시에 감사패를 만들어 증정하자는 이야기가 나오기도 했다. 이후 실행 과정에서 감사패를 협의회 일원들이 직접 만들자는 크고 작은 아이디어들이 나왔고, 마침내 예술가와 활동가, 건축학과 학생들이 참여하여 세운상가 일대를 형상화하여 3D 프린팅한 감사패를 직접 만들어 시장에게 전달했다. 감사패에 올린 세운상가 모형은 현재 벌어지고 있는 변화에 대한 저마다의 우려와 기대를 모아 다시세운시민협의회라는 이름 아래 잘해보자는 다짐의 징표처럼 의연했다.

도시의 몸은 우리의 몸처럼 끊임없이 세포를 생성하고 탈락시키면서 변화하고 생명을 이어간다. 격변의 순간을 겪고 있는 50년 된 주택가, 40년 만에 허물어지는 대규모 아파트단지, 오랜 재개발 논의 끝에 극적으로 보존되는 도심의 거대건축 등 전쟁과 근대화 이후 나이 들어온 우리 도시의 여러 구석에서 건축공간의 생애는 다양한 양상으로 분기되고 있다. 건축공간의 실체는 물리적 속성이 변질되더라도 여전히 우리의 기억에 자리하고, 그 실체는 다시 다른 형국으로 새로운 생을 시작한다. 생애주기는 종결되지 않고 끊임없이 순환된다. 100세 시대에 우리는 고작 50년 된 건물더러 오래되었다고 한다. 오래된 공간의 매력, 오래된 건물의 가치, 오래된 도시의 재생, 우리 남은 생애 동안 반복될 '오래된'의 의미를 지금부터 아주 천천히 조금씩 음미해 보았으면 한다.

넥스토피아적 공공영역을 향하여 – 우주에서 지상으로

남수현

우주선 주상복합

서울의 한 대형 주상복합에 사는 한 지인이 자신은 우주선 속에서 살고 있는 듯하다고 얘기한다. 쇼핑부터 카페, 식당을 다니며 건물 안에서 지내다 보면 일주일은 너끈히 땅에 '착륙'하지 않고 생활한다는 그의 거주환경이 일반적이지는 않을 듯하지만, 과연 그럴까. 우리가 거리를 걷고 대중교통을 이용한다고 해서 주상복합 우주선에서 사는 그와 다른 삶을 살고 있는 것일까? 그 거리가 삶의 활력과 우연한 만남의 현장이 되지 않는 이상, 우리도 살균된 우주선 속에서 지내는 것과 다름없다. 거리나 외부공간이 마크 오제가 공항 같은 공간을 정의하기 위해 명명한 '비장소(non-place)'처럼 이동 통로로만 사용된다면, 역사적인 의미도 상징도 없이 소비되는 공간으로 축소되어 버린다. 이런 공간에는 소위 공공의 경험이란 존재하지 않는다. 아니, 공공공간은 공항 같은 준공유공간이 가지고 있는 보호막과 청결함이 결여된 더 추한 공간으로 전락하고 만다. 우리는 더 이상 도시의 산책자로서 사는 것이 쉽지 않다.

오히려 우리는 물리적 실체가 없는 디지털 공간을 산책하고 있다. 이제는 아무도 따로 언급하지 않는 하이퍼텍스트나 링크는 일상이 되어 뉴스에서부터 취미, 그리고 실제로 방문할 곳을 선정하는 것까지도 온라인으로 해결한다. 아니, 실제 장소를 앞에 두고도 핸드폰으로 더 명확한 정보를 구한다. 실제 장소는 바로 사진으로 찍혀 실시간으로 전송되고, 눈앞에 있는 현실보다 더 현실적으로 네트워크상에 존재하게 된다. 이제 인간의 거주 장소는 비장소를 넘어 온라인상의 '우-플레이스(u-place, 'utopia'에서 존재하지 않음을 뜻하는 접두사 'u-'를 활용한 것)'의 단계로 이동하고 있는지도 모른다.

요차이 벤클러(Yochai Benkler)는 인터넷의 발전으로 정해진 공간이 없는 공공영역이 만들어졌으며 이를 '애드호크라시(adhocracy)'라고 긍정적으로 칭했다. 하지만 초기의 희망적인 예상과는 달리 편향된 정보로 인한 폐해가 드러나고 있다. (개인적으로 중국이나 러시아의 유사독재 방식의 정치가 출현하는 현실이 이 현상과 유리되어 있지 않다고 생각한다.) 물리적 차원이 결여된 담론이나 상호작용은 현실이 결여된 경험이 된다. 미국 로스앤젤레스의 오렌지카운티 같은 인공적으로 조성된 단지에서 사기 범죄가 더 성행한다는 통계를 보면, 인공적이고 폐쇄적인 아파트 단지에 익숙한 우리는 인터넷 시대 전부터 이미 가상적인 현실을 사는 데 익숙해졌는지도 모른다. 요새를 만들고 나면, 그 바깥은 삶과 더 거리가 멀어진 야생의 지대가 된다.

그럼에도 불구하고 광장을 도시의 가장 중요한 요소로 여기고 사람 사이의 시각적 연결을 중요시하는 얀 겔이나, 길에서의 상호작용을 중요시하는 제인 제이콥스 처럼, 사람은 서로의 관계, 연결, 시야 속에서 삶을 지탱한다. 직접적인 접촉이 점점 사라지는 이 세계에서 직접적인 관계가 형성되는 공공공간을 어떻게 더 효율적으로 조성해야 할지에 대해 건축가는 고민해야 한다.

니콜라스 페브스너는 도시의 미래를 위해서는 인구학적, 사회적, 기술적 측면을 고려하기 전에 도시적 삶을 상상할 수 있는 능력이 선행되는 것이 중요하다고 역설한다. 그는 이 이슈를 건축이 간과하고 있다고 비판하며, 특정 지역에서의 삶을 상상하기 위해서는 시민들이 큰 그림을 공유하고 소속감을 느낄 수 있어야 한다고 주장한다. 공공적이고 민주적인 환경에서 공공공간은 '경험의 공유', 나아가 '삶의 공유'의 기초가 되며, 이는 '공간의 공유'에서부터 시작된다. 이는 케네스 프램튼이 건축의 근간으로 생각하는 한나 아렌트의 '출현의 공간(space of appearance)'과 밀접한 연관이 있다. 물론 아렌트의 공공공간은 단순히 물리적 공간이 아니라, 공개적으로 나타나는 만인이 보고 들을 수 있으며 최대한으로 광범위한 공개성(publicity)을 가질 수 있는 매체 모두를 포함하는 공공영역을 말한다.

그런데 개방성이 강조되는 현대사회에서 오히려 자유로운 교류의 실현이 어려워지고 있고, 다원적이고 개방적인 공적 세계에서 자유로운 의사소통을 통해서만 획득할 수 있는 상식과 판단 능력을 사람들이 상실해버렸고, 그럼으로써 언제라도 연성전체주의(soft totalitarianism)나 권위주의 같은 다른 형태의 억압을 초래할 수 있게 되었다는 것이 아렌트의 지적이다. 그래서 물리적 공공공간의 존재는 여전히 중요하다. 물리적 근접성, 시각적 가시성을 통한 공공적 감각의 함양은 인류 사회 형성의 원초적 필수요소 중 하나다.

또한 근접성(propinquity)과 관련해서 기억해야 할 것은 많은 심리학 연구가 보여주듯이 성격이나 취향이 유사한 사람들이 모인다기보다, 모여 있기 때문에 비슷해지는 경향이 더 크다는 사실이다. 심리학자 라탄(Bibb Latane)은 미국 플로리다와 중국 상하이 등 문화적 배경이 다른 다양한 장소에서의 실험을 통해 사회적 영향은 거리의 역제곱에 비례한다는 것을 밝혀냈다. 이는 인터넷을 통한 비대면 기술의 발달이 진행되고 있는 지금도 여전히 유효하다고 했다. 이 연구는 심리학자 쿠르트 레빈(Kurt Lewin)이 명명했던 삶의 공간이 주관적인 심리만큼이나 객관적인 물리적 공간에 영향을 받는다는 사실을 증명하기도 한다.

이런 이론적 예시와 이상적 구축환경에 대한 열망에도

불구하고 지금 우리를 둘러싼 공공공간은 그렇게 작동하지 않는 것이 현실이다. 여전히 계획은 필요하다. 어떻게 계획할 것인가가 중요하지만, 건축가에게 책임을 묻기 전에 현재 시스템의 융통성을 먼저 문제시해야 한다. 현행 제도와 공간을 다루는 개념은 변화가 필요하며, 건축적 접근의 전제가 되는 조건들을 탐색할 수밖에 없다.

공공공간으로서의 길

이반 일리치가 지적하듯, 이제 우리는 길이 공용일 수 있다는 사실을 상상할 수 없는 시대에 진입했다.

사람이 사는 장소는 문지방 양쪽 모두에 있다. 문지방은 정주에 의해 만들어지는 공간의 회전축과 같다. 안쪽에는 가정이 있고 그 반대쪽에는 공용이 있는 것이다. 다수의 집안이 거주하는 공간이 공용이다. 집이 구성원에게 지낼 곳이 되어 주듯 공용은 공동체에 지낼 곳이 되어 준다. 똑같은 양식으로 정주하는 공동체가 없는 것과 마찬가지로 똑같은 공용이 있는 공동체도 있을 수 없다. 공용을 누가 사용할 수 있는지, 누가 사용해야 하는지, 또 언제 어디서 어떻게 사용하는지는 관습이 정한다. 가족생활의 흐름과 범위에 따라 가정의 형태가 달라지듯 공용 또한 일반 주민이 남기는 흔적이다. 공용이 없는 정주는 있을 수 없다. 고속도로는 거리도 길도 아니며 수송을 위해 예약된 자원임을 이주민이 인식하기까지는 시간이 걸린다. 나는 뉴욕에 새로 도착한 푸에르토리코인 중 인도는 광장이 아니라는 사실을 알아차리기까지 몇 년이나 걸리는 사람을 많이 보았다. 독일 관료에게는 실망스럽겠지만 유럽 곳곳에서 사는 터키인은 의자를 거리로 가지고 나와 잡담을 나누고, 내기를 하고, 거래를 하고, 커피를 대접받고, 노점을 연다. 공용을 떠나보내기까지는, 교통은 문간 밖에서 남을 험담하는 것만큼이나 사업에 치명적이라는 사실을 인식하기까지는 시간이 걸린다. 오늘날 소비자는 사적 공간과 공적 공간을 명확히 구별하는데, 이는 문지방을 중심으로 집안과 공용으로 나뉘던 전통적 구별 방식을 대신하는 게 아니라 파괴한다.[1]

예전에 사람들은 길에 평상을 내놓고 앉아 한담을 나누었고, 아이들은 길에서 술래잡기와 구슬치기를 하며 놀았다. 하지만 우리는 그런 시대를 기억하는 마지막 세대에 속할 것이다. 이면도로의 노란 차선은 얼핏 보행자를 위한 선 같지만, 이는 사람을 내몰기 위한 선이다. 어두운 밤 좁은 뒷길을 달리는 자동차가 길가의 담이나 전봇대 등을 피해 더 빨리 달릴 수 있도록 그려진 선이다. 더 이상 길은 머무름을 허용하지 않는다. 오로지 통과를 위해 존재한다. 뒷길에 그린 노란 선은 길이라는 공용 밖으로 사람을 쫓아내는 선명한 색깔의 담장이다.

그러나 행정적 구분을 넘어 길에 대한 사고의 폭을 넓히기 시작하면 생각보다 빠르게 그 성격을 바꿀 수 있다. 우선, 주차방식에 대한 개념을 바꾸어 불법주차 현황만 바꿔도 길의 성격은 바뀔 수 있다. 오슬로의 도심 주차 금지제도나 우리나라 몇몇 도시에서 실행하고 있는 구도심의 보행전용로 전환만으로도 길은 공공공간으로 탈바꿈할 수 있으며, 밀라노의 갤러리아나 일본 도심에 적용된 상가 길의 지붕 같은 건축적 장치로도 길의 성격은 변할 수 있다.

도시의 변화에 가장 큰 영향을 끼칠 요소는 아마 인공지능이 결합된 자율주행 자동차일 것이다. 자동차의 소유방식과 주차의 개념이 바뀌어 더 이상 차를 소유하지 않고, 주거지나 근무지 옆에 주차를 할 필요가 없게 된다면, 우리는 도시의 근본적인 구성에 대해 다시 생각해봐야 할 것이다. 길의

1 이반 일리치, 권루시안 역, 『과거의 거울에 비추어』, 느린걸음, 2013

구분을 간선과 지선이 아니라 차량 빈도로 조정하는 단계로 발전될 수도 있으며, 시간에 따른 유연성도 높아질 수 있다. 서울이 수십 개의 베네치아와 같은 보행지역으로 구분될 수도 있다.

공개공지

공개공지는 도시민에게 쾌적한 도시환경을 제공하기 위해 만들어진 도시공간으로 민간에 의해, 민간자본으로 제공된다. 이는 공공공간의 확보가 점점 어려워지고 있는 도심에서 중요한 의미와 가능성을 갖는다. '사적 소유 공공공간(POPS: Privately-Owned Public Space)'이라고 통용되는 이 공간의 미래 활용도를 높이기 위해서는 다양한 유형의 개발과 적정 면적 확보를 가능하게 해주는 제도 개선과 적절한 설치 기준과 보상 기준의 개선이 필요하다. 하지만 그 전에 개념의 변화와 운영의 유연성이 필요하다.

공개공지나 준공공 공간으로 불려지는 상업적 공간에서 우리의 행동은 미세하게 제한된다. 마이클 소킨이 비판하듯이 테마파크나 쇼핑몰 등의 공공공간에서 연설은 금지된다. 디즈니랜드에는 시위가 없다. 이런 통제된 공간에서 우리는 어느 정도까지 자유롭게 행동할 수 있을까? POPS가 비교적 잘 운용되고 있다고 평가받는 뉴욕 맨해튼이나, POPS를 확장해 가고 있는 런던 등도 실제로는 사설 경비업체들에 의해 상당한 위압감 속에 운영되고 있다. 이런 유형의 공간에는 '유사 공공공간'이라는 이름이 더 어울린다. 소유 주체는 이런 공간에 '허용되는 행위'를 규정하고 조절할 수 있으며, 그 행위가 무엇인지를 공공에 공지할 필요도 없다. 어떤 규칙에 의해 관리가 되는지, 그 규칙에 어떻게 의문을 제기할 수 있는지 아는 것이 민주주의 사회의 근본이지만, 그렇지 않은 이 상황은 두렵기까지 하다. 19세기에 런던 시내 중 일부가 외부인 출입제한 주택지(gated community)로 운영되었던 사실(이는 많은 노력으로 폐지되었다)이나, 17, 18세기 영국의 농촌 공유지가 울타리로 사유화되었던 상황이 연상된다.

우리나라의 경우 공개공지는 이런 논의조차 불가능할 정도로 설치 목적이 모호해서 그냥 공지로 비어 있을 수밖에 없는 상황이다. 전국적으로 6000개가 넘고 5백만m²가 넘는 공개공지를 지혜롭게 사용할 수 있는 여건을 계획하는 것만으로도 큰 변화를 일으킬 수 있다. 이런 상황을 개선할 수 있는 법 개정 논의가 시작되어야 하지만, 무엇보다 중요한 것은 소유 주체와 관계없이 공개공지가 제 기능할 수 있도록 사용권과 운영권에 유연성을 확보하는 것이다. 공개공지의 유형을 공공플라자, 아케이드, 관통 보행로, 보도상 공지 등으로 세분화하여 단순히 외부공간의 면적을 확보하는 것을 넘어 다양한 공공적 사용을 유도하는 일이 필요하다. 새로운 공개공지를 계획할 때 기존 유형을 넘어선 건축가의 상상을 받아들일 수 있는 제도도 요구된다. 사유시설의 공개공지뿐만 아니라 공공시설의 공지 설정과 적극적 프로그래밍 또한 필요하다.

공공공간의 유연성

많은 이론가들이 이야기하듯이 현대 사회의 공공공간의 정의 자체가 시민사회가 형성되던 시기와는 다르다. 이런 상황에서 공공공간을 공동체 의식이 존재하던 시대를 떠올리며 낭만적으로 생각하며 작업하는 것은 의미야 있겠지만, 불행히도 실제로 작동하지는 않는다. 이를 극복하기 위해 우리는 현재 우리나라 실정을 고려하여 공공공간에 대한 사고를 발전시켜야 한다. 분기와 절기가 미세하게 나누어져 있고, 장날 같은 며칠 간격의 공공적 모임 패턴이 아직도 우리 생활에 유효하다고 생각한다. 이를 바탕으로 우리나라 공공공간의 특징을 다루어야 한다.

우선, 우리나라 시민의 특성상 비어있는 공공공간을 받아들이기 어려운 것이 아닌가 하는 생각이 든다. 고전적이고 전통적인 건축교육을 받은 우리 건축가들은 이 상황이 상당히 아쉽고 낯설다. '왜 그냥 비워두고 자유로운 상황이 일어나도록 놓아두지 않는가' 하는 것이 건축가들의 생각이라면, 대부분의 시민은 거꾸로 '왜 비어 있는가'를 문제 삼는다. 그렇다고 해서 듣도보도 못한 삼류 아이돌 그룹의 공연 같은 의미 없는 이벤트로 시청 광장을 채우는 것은 또 다른 공해일 뿐이다. 각 공공공간에는 격에 맞는 활동이 있어야 한다. 해답은 간단하다. 건강한 시민 정신을 고양할 수 있는 이벤트를 촘촘히 배치하여 시민들의 정서를 위로하고, 비상업적 활동을 수용하도록 유도해야 한다. 예를 들어 전국을 돌며 장날처럼 시간적 간격을 두고 운영하는 문화프로그램이 있고, 이를 받아들일 수 있는 크기나 형태가 유사한 유니트화된 공공공간이 도시 곳곳에 있으면 어떨까? 혹은 공공공간의 연례 이용시간을 각 지역 학교에 부여하는 것은 어떨까? 시민의 공공공간 참여도를 높이는 동시에 시간 사용에 대한 인식을 재정립할 수 있을 것이다.

도시는 공터와 같이 정의되지 않은 공공공간을 가져야 한다. 우리는 어느새 데드 스페이스에 대한 강박관념이 생겨 빈자리를 용납할 여유가 없다. 이는 계획되지 않은 행동을 수용할 여유가 없음을 뜻한다. 90년대 맨해튼의 타임스퀘어는 포르노 극장까지도 수용할 정도로 다양한 프로그램과 그로 인해 촉발된 자유로운 분위기가 넘쳐났다. 하지만 대자본의 유입과 함께 디즈니화(Disneyfication)로 획일화되어 버린 지금의 모습에서도 공공공간에 대한 강박관념을 볼 수 있다. 가공되지 않은 공간을 경험하기 위해서는 어느 정도의 모험과 위험을 감수해야 한다. 도시의 비확정적 면모가 가능성으로 발휘되기 위해서는 비정상적인 안정성을 거부할 수 있어야 한다. 영국 영화 〈서브마린〉(2010)에 나오는 청소년들의 아지트처럼 서로의 눈을 피해 만날 수 있는 여유 공간도 필요하다. 그런 정제되지 않은 '거친' 공간이 사회적으로 용납되지 않는다면, 적어도 공식적인 어떤 활동도 허락하지 않는, 목적 없이 그냥 비어있는 공간은 반드시 필요하다.

기억의 연결

렘 콜하스는 『일반적 도시』(*Generic City*, 1994)에서 예견하기를, 미래 도시는 그 어떤 역사도 중심도 가지지 않을 것이고, 그로 인해 공공의 삶은 없거나, 적어도 그 도시에서의 공공의 삶이란 더 이상 눈에 보이지 않을 것이라고 주장했다. 여기서 '일반적(generic)'이라는 의미는 더 이상 정체성이 없는 단계이며, 균일성을 향한다고 말한다. 콜하스는 공공의 삶 대부분은 건물들이나 복합 단지, 호텔 로비, 카지노, 영화관, 그리고 사방이 둘러싸인 형태의 쇼핑몰이나 놀이공원 들에서 일어날 것이라고 했다. 이러한 유형의 건물은 '장소에 얽매이지 않는 상태(placeless)'다. 이를 통해 그는 중앙에 얽매이지 않는 자유로운 도시를 그렸다. 필요하면 확장되고 낡으면 자폭하여 다시 새로워지는 도시의 상태, 언제나 흥미로우면서 흥미롭지 않은 '피상적' 할리우드 세트 같은 도시가 현대에 적합하다고 주장했다.

그의 예견은 맞고, 동시에 틀렸다. 도시 변화에 대해 그가 예견한 것은 대부분 현실화되었지만, 인간의 성향이 변하지 않았다. 이런 도시 상황 속에서도 인간은 의미를 찾는다. 그러나 이 특징 없는 '일반적' 도시에서 계속해서 도시공간의 의미와 정체성을 찾는 인간은 불쌍하다. 이미 지나버리고 의미가 사라진 건축물에서 의미를 찾으려는 노력은 숭고하지만 덧없다. 대중은 온라인상의 우-플레이스와 여행을 결합하여 의미를 찾기도 한다. 그들에게 의미 있는 공간은 물리적으로 내 앞에 있는 장소가 아니라, 나와 관계없고 멀지만 방문할 수 있는, 갈망하고 열망하는 거리와 도시다. 마음속 물리적 장소의 상징(파리의 에펠탑이든, 로마의 스페인 광장이든, 교토의 골목이든)은 여행지에서 자신이 경험했던 장소들을 결합한 몽타주적 가상의 장소가 대신 차지한다. 정체성에 필요한 공간적 상징은 하이데거가 이야기한 주거의 의미만큼이나 중요지만, 삶과 유리된 곳에서 정체성을 찾는 것은 얼마나 허망한 일인가? 주체적으로 소통할 수 없는 곳에서 우리는 언제나 타자다.

우리만의 의미가 충만한 내러티브가 있는 공간을 세워야 한다. 우리나라에 그런 가능성이 있었던 공간은 지금은 사라진 여의도 광장이다. 우리나라 최초의 비행기가 이륙했고, 일본 – 조선 – 만주를 잇는 허브기지였으며, 광복 이후 최초의 공군비행단이 있었고, 독재정권의 체제선전에 이용됐고, 교황의 미사 집전 장소이기도 했으며, 시민들이 자전거나 롤러스케이트를 탔던 공간이기도 했다. 국내 최대 규모의 단일공간이었던 여의도 광장은 조금만 가다듬으면 우리나라를 대표할 만한 공공공간의 가능성이 있었다. 어렸을 때 경험한 그 광장의 광활함을 아직도 잊을 수 없지만, 지금 '여의도 공원'에는 아무런 감흥도 없다.

우리만의 내러티브가 반드시 역사에 기댈 필요는 없다. 새로운 사건을 받아들여 발전시켜 나가면 된다. 새롭게 만들 전통에는 '공공의 건축 언어'도 포함된다. 한 나라, 한 지역을 대표하는 공감대 위에 형성되는 공통의 건축 언어는 공공공간을 강화한다. 이 부분이 건축가가 가장 중요한 역할을 담당해야 하는 분야다. 공간이 갖는 사회적·문화적 힘이 필요하며, 지금 구축된 환경에서 가장 결여되어 있는 부분이 바로 그것이다.

스페이스 에티켓

네덜란드의 사회학자 안톤 지더벨트(Anton C. Zijderveld)는 '도시성을 배제한 도시'라는 용어로 복지국가의 딜레마를 이야기한다. 복지국가에서는 시민을 더 이상 문화의 '참여자'로 생각하지 않고, '고객' 또는 '소비자'로 인지한다. 따라서 참여가 없어지고 시민성은 사라지게 되어 도시 공공영역을 유지하던 집합적이고 규범적인 핵심 또한 같이 쇠퇴한다. 시민들은 이제 '책임'은 없고 '권리'만 있는 사람으로 변한다. 이런 개념의 변화를 느끼기는 어렵지 않다. 이전에 존재하던 암묵적인 지식 공유체계는 구시대 유물로 받아들여 지고, 모든 것은 '법'에 의해서 통제된다.

> 리차드 세네트는 공공과 개인의 경계가 희미해지고, 이 둘이 서로 뒤바뀌는 과정이 공공영역에서는 가장 큰 위협이 될 수 있다고 말한다. 공공영역의 쇠퇴가 급격한 개인화의 추세와 연관 있음을 보게 됐다. 소비문화 속에서 개인은 점점 덜 '공인(public man)'으로 살아가는 법을 배우게 된다. 자신을 둘러싼 모든 것을 상품으로 보게 된다. 공공영역은 하나의 거대한 쇼핑몰과 같이 변하고 축소될 것이며, 이 쇼핑몰의 최우선 목적은 개인의 욕구를 만족시키는 것이다. 세계를 객관적이고 이질적인 환경이 아닌 개인을 비추는 거울 내지는 심지어 자기 자신의 확장으로 간주하여 개인은 점점 더 자애적(narcissistic)으로 변해간다. (중략) 이 과정의 가장 마지막 단계는 공공이 더 이상 존재하지 않는 자애적인 문화가 형성되는 것이다. (중략) 공공은 더 이상 존재하지 않거나 아니면 오히려 공공공간만이 지니고 있던 객관적인 특성을 잃어버리게 된다.[2]

이런 상품화는 심리적 자립을 방해하고 사람을 신뢰하는 경험을 방해한다. 우리는 이미 사람보다 컴퓨터와 기계를 더 믿는다. 은행 계좌이체도 사람이 배제된 컴퓨터를 통해서 하는 것이 사람을 통해 행하는 것보다 안전하게 생각하고, 학교에서의 출석도 기계가 해야 믿음이 가고(교육부는 대학평가 시 이런 시스템에 가점을 준다), 성적 기준 역시 '기계적으로' 명확히 공시하고 그대로 실행해야 한다. 불신은 계속해서 확대 재생산된다. 인공지능이 오기도 전에 우리는 우리의 믿음을 기계에 맡겨버렸다.

2 『건축 근대성과 공공영역에 대한 36인의 건축적 입장들』, 스페이스타임, 45쪽

그러나 커뮤니티가 살아남기 위해 필요한 기본은 서로에 대한 신뢰다. 신뢰는 존중에 기반한다. 이반 일리치는 외국어를 배우는 태도를 논하면서 그 나라의 문화와 문명에 대한 존중 없이 언어를 배우는 것은 의미 없다고 단언한다. 그리고 공간에 대한 존중이라는 면에서 우리는 유치원 때부터 한 번이라도 우리가 속한 공간에 대한 예절을 배운 적이 있는가 질문한다. 타인에 대한 존중은 근원적으로 그의 존재에 대한 존중이고, 그 기저에는 타인의 물리적 실체에 대한 존중이 있어야 하며, 이는 결국 그 실체가 속한 공간으로까지 이어져야 한다. 이렇게 생각해 보면 사람이 같은 공간에서 생활하며 상호작용을 한다는 것은 신비롭기까지 한 경험이다. 이를 신비롭다고 느낄 정도로, 함께하는 타인에 대한 존중을 공유할 수 있는 시대를 우리는 맞이할 수 있을 것인가? 그러기 위해서 타인과 나, 그리고 우리의 공간을 존중하는 '공간사용법'에 대한 에티켓 교육이 필요하다.

담론의 공유

'넥스토피아'라는 어휘는 로맨틱한 힘이 있다. 유토피아에는 현실에 없는 장소라는 슬픔이 숨어있다면, 넥스토피아는 저 모서리를 돌면 바로 나타날 듯한 희망이 들어있다. 즉, 넥스토피아는 닿을 수 없는 장소가 아니라, 우리의 의지만 있다면 실현할 수 있는 장소다. 이런 희망적인 바램은 〈넥스토피아〉 전시에 작은 스케일에서부터 지역 단위까지 망라되어 있다. 개인성의 완성을 통해 공공성의 전제를 제시하는 조병수, 주거 단위를 넘어선 소통을 실험하는 박창현, 공공공간과 나눔의 관계를 재설정하려는 조재원, 지인 공동체를 통한 점유방식의 전환을 고민하는 임태병, 일원동 분석을 통해 단지에서 동네로 삶의 확장을 목표로 하는 김성우, 우포도서관을 통한 공동체 네트워크를 기대하는 이치훈. 모두 구축환경 개선을 위한 다양한 차원의 대안을 제시했다.

〈넥스토피아〉 전시에서 개인적으로 가장 흥미로웠던 것은 건축가들의 인터뷰 영상이었다. 실제 전시물에서는 느낄 수 없었던 의지의 투사(projection)가 건축가들의 어휘와 표정에서 느껴졌다. 그것이 아마도 궁극적으로 건축으로 나타나야 하는 부분일 것이다. 그들의 인터뷰에서 물리적 공간을 넘어선 담론이 형성되는 공공영역의 존재를 느꼈다면 너무 과장일까.

넥스토피아의 담론들은 고귀하지만, 결국 건축계 사이의 담론으로 끝날 가능성이 높다. (이는 결국 이 글의 한계이기도 하다.) 우리는 재정적으로는 상위 1%에 속하지 않지만, 공간에 대한 열망으로는 상위 0.1%에 속하는 사람들이다. 그런 사람들이 이 책의 독자다. '우리'는 개선된 환경에 대한 꿈과 의지가 있으며 이를 위해 부단한 노력을 하고 있다. 다른 나라의 좋은 공공공간을 경험했으며, 이를 우리나라에 적합하게 적용할 수 있는 다양한 방법을 고민하고 있다. 결국, 문제는 이 0.1%가 가지고 있는 아이디어를 나머지 99.9%에게 전달하는 것이며, 그 연결고리를 어떻게 찾느냐에 있다. 그것이 넥스토피아를 실현하는 가장 큰 동력이 될 것이다.

일부 내용은 건축학회논문집 34권 5호 「건축적 랜드스케이프 디자인 방법 중 곡면바닥구성에 관한 연구」에서 인용되었음.

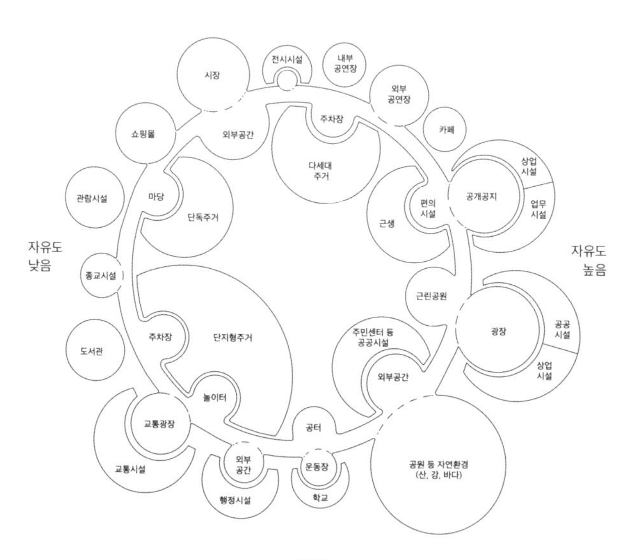

이혜진, 남수현, 공공공간 다이어그램, supernam studio, 2018

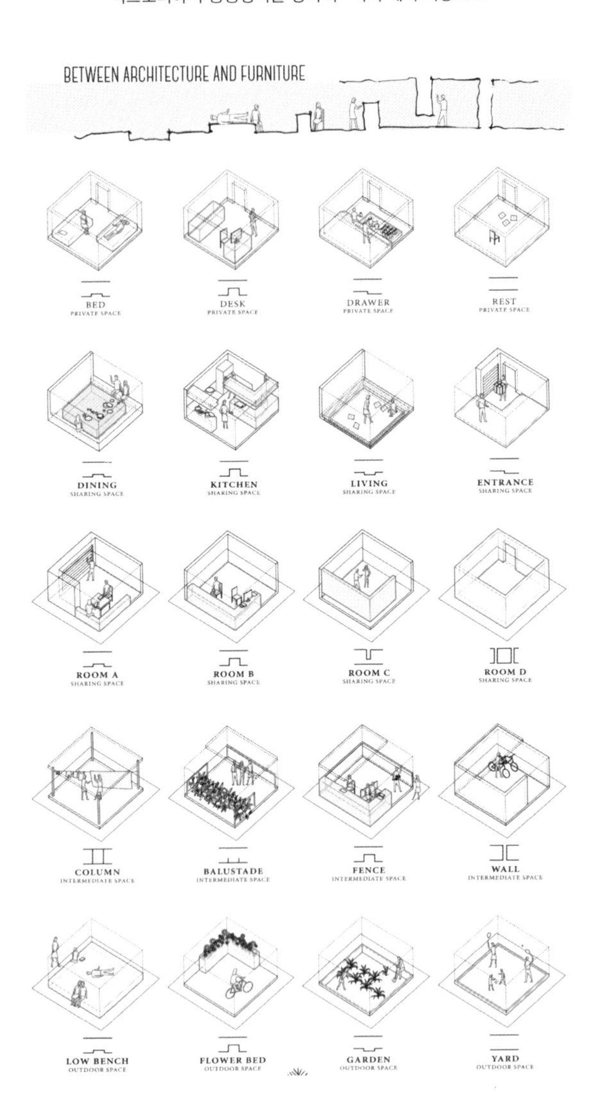

임화선, seamless city, supernam studio, 2017
전통 마을 길의 사용 방식을 조사, 길의 공공 기능을 분석, 반영한 사적·공적 공간 연결 연구

Clare Lyster, 'Orange is the New Green', 『Learning from Logistics』, 178쪽, CULAA, 2014. 클레어 리스터 시카고 UIC 교수의 계획안. 시카고 도심에 공사 중 부도가 나 남겨진 대형 지하 공간에 데이터 센터를 건립하고, 그 상부를 공공을 위한 강한 기능이 있는 야외공간으로 만들 것을 제시한다. 두 개의 디스크 중 작은 부분이 온수 욕조고, 다른 하나는 여름에는 안전한 비치, 겨울에는 아이스 링크로 이용한다.

채움의 가능성

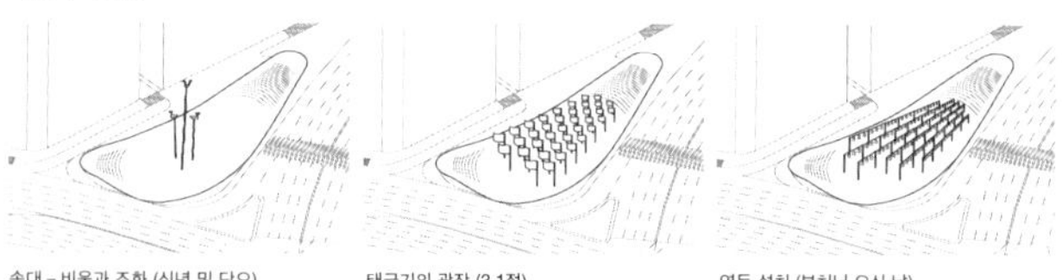

솟대 – 비움과 조화 (신년 및 단오)

태극기의 광장 (3.1절)

연등 설치 (부처님 오신 날)

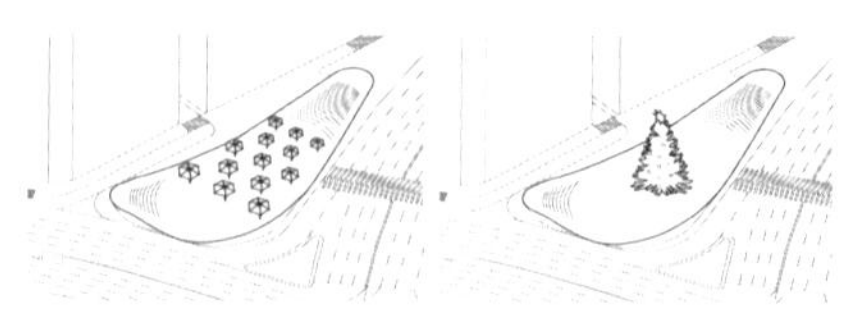

파라솔 등 햇빛 가리개 (여름)

크리스마스 트리 (성탄절)

남수현, Urban Mound, supernam studio, 2016

광장의 위요감을 부여하는 서울광장 계획안. 들려진 판 아래로 지하도 출구가 위치한다. 빈 광장을 어색해하는 한국인을 고려해 각 절기에 따라 다양한 프로그램을 수용할 수 있도록 광장 계획에서부터 요소 설치를 지원하는 장치를 마련한다.

오가영, Urban Point, supernam studio, 2017
높이가 낮은 역사적 건물을 고려해 경복궁과 숭례문의 엇갈린 축이 만나는 서울시청광장 끝을 지상에서 올려 도로 위로 확장한다. 두 축의 연결을 시각적으로 인지되도록 하고, 덕수궁 내부를 볼 수 있는 플랫폼을 만듦으로써 경복궁-숭례문 사이의 보행을 유도한다.

넥스토피아 전시

〈넥스토피아〉

참여작가: N.E.E.D.건축사사무소(김성우),
건축사사무소SoA(이치훈), 문도호제(임태병),
에이라운드건축(박창현), 조병수건축연구소(조병수),
공일스튜디오(조재원)+공공그라운드

큐레이터: 박성태
코디네이터: 최진이, 김상호
영상: 라야
가구: 소목장세미
전시 아이덴티티: studio fnt
연계포럼: 마강래(중앙대학교 도시계획부동산학과),
전강수(대구가톨릭대학교 경제통상학부)

기간: 2017.12.12–23
장소: 온그라운드 지상소
기획: 정림건축문화재단
협력기관: 온그라운드 지상소
후원: 문화체육관광부, 서울시, 서울문화재단

넥스토피아
건축사사무소에스오에이 · 이치훈
공일스튜디오 · 조재원+공공그라운드
문도호제 · 임태병
에이라운드건축 · 박창현
엔이이디건축사사무소 · 김성우
조병수건축연구소 · 조병수
2017.12.12–23

넥스토피아

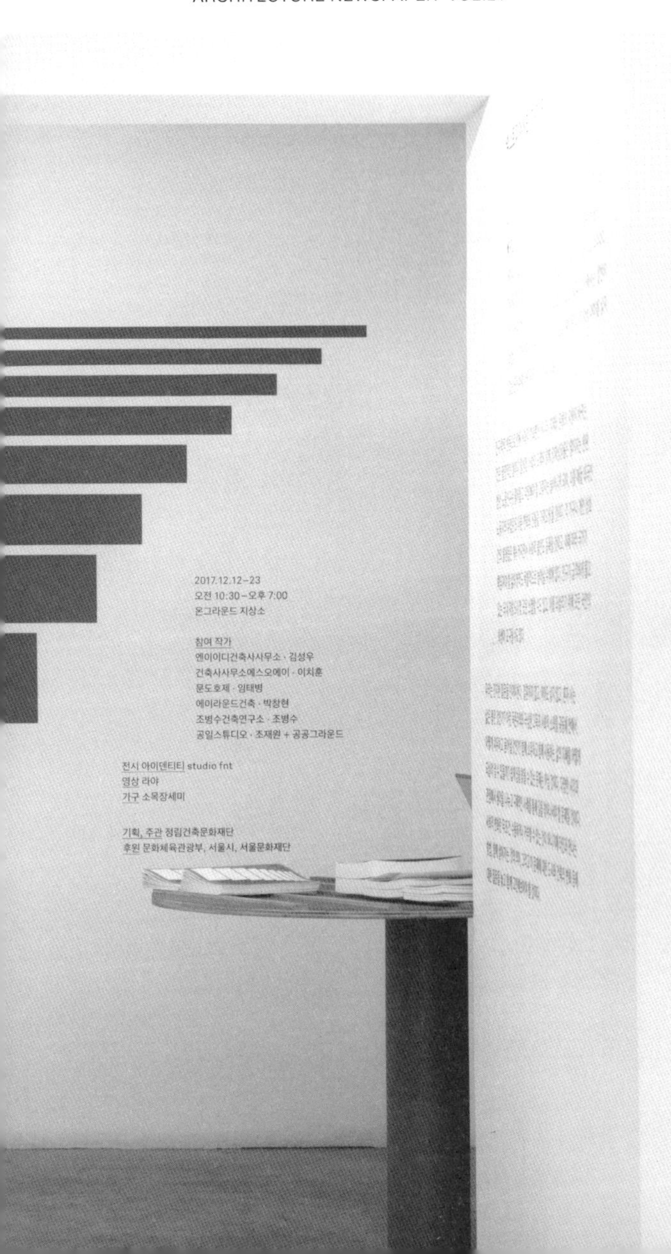
2017.12.12–23
오전 10:30–오후 7:00
온그라운드 지상소
참여 작가
엔이이디건축사사무소 · 김성우
건축사사무소에스오에이 · 이치훈
문도호제 · 임태병
에이라운드건축 · 박창현
조병수건축연구소 · 조병수
공일스튜디오 · 조재원 + 공공그라운드
전시 아이덴티티 studio fnt
영상 라야
가구 소목장세미
기획, 주관 정림건축문화재단
후원 문화체육관광부, 서울시, 서울문화재단

넥스토피아 전시

넥스토피아
BCHO Architects
이종성의 공존; 개인주의적 열림주의
군에서 땅을 수용해서 기존에 있던 건물들을 다 허물고
LG

01. 이치훈 · 건축사사무소에스오에이
역설적이지만, 공동체라는 공적 영역이 해체되거나
축소되면서 개인 공간에서 변화가 일어날 것이다.

02. 박창현 · 에이라운드건축
개인의 영역이 이런저런 이유에서 줄어든다고 하면,
공동의 영역들로 작아지는 주거 공간을 어떻게
보완할 것인지를 고민해야 한다.

03. 김성우 · 엔이이디건축사사무소
공적 공간에 대해 이야기하기엔 사적 공간에 대한
정의가 아직 불분명하다.

04. 조재원 · 공일스튜디오
앞으로 혈연으로 묶인 가족 외에 훨씬 다양한
공동체를 위한 공간이 많이 생겨날 것이다.

05. 임태병 · 문도호제
집은 지금처럼 1년 365일 점유되는 공간, 값으로
매겨지는 부동산 가치에서 벗어나 굉장히 가볍고
다양하게 바뀔 것이다.

06. 조병수 · 조병수건축연구소
개인 공간의 프라이버시를 분명하게 지키는 것이
먼저다. 공적 공간이 개인의 영역을 침범하거나
모호하게 만들어서는 안 된다.

단지에서 동네로
엔이이디건축사사무소
N.E.E.D. Architectu
일원동 단독주택 리노베이션, 2
단독, 다가구, 다세대, 오피스텔
그 다양성에도 불구하고 소필지
아파트와 비교되는 열악한 주거
공간에 대한 기준, 단위 주거의
논의되지 않은 채 남아 있다.
소필지 주거지에 원룸이 아닌
바뀌어 가면서 동네라는 개념이
수 있는가? 인구가 줄고, 가족이
주거지의 새로운 거주 방식은
일원동 단독주택 리노베이션은
여러 문제와 극복 과정, 그리고
발생했던 사건들을 담고 있다.
프로젝트를 통해 경험한 소필지
풀어본다.

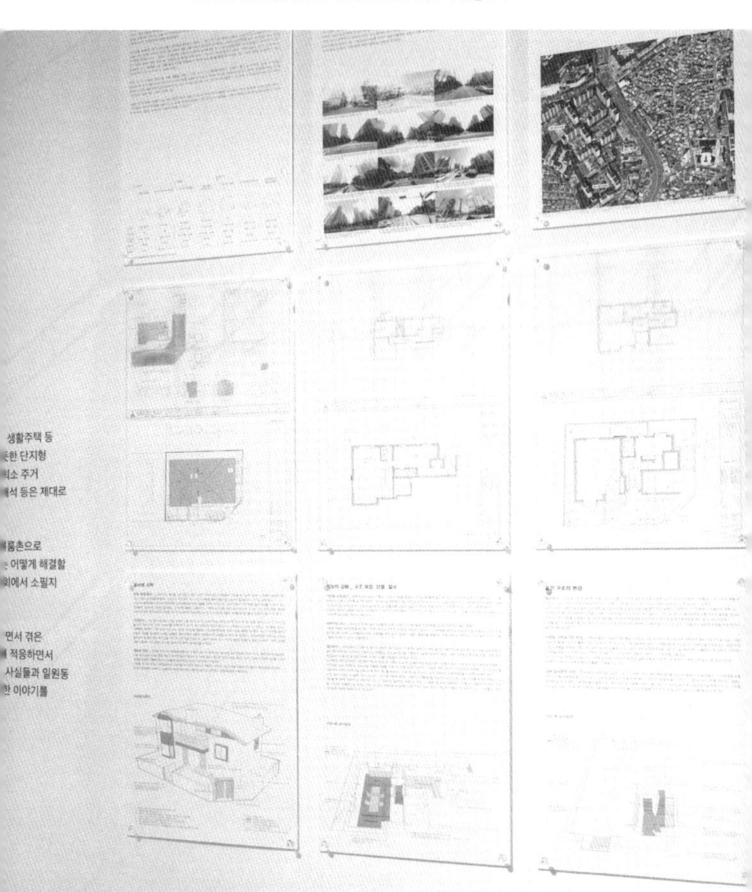
생활주택 등
한 단지형
소 주거
석 등은 제대로
룸촌으로
어떻게 해결할
에서 소필지
면서 겪은
적응하면서
사실들과 일원동
이야기를

넥스토피아 전시

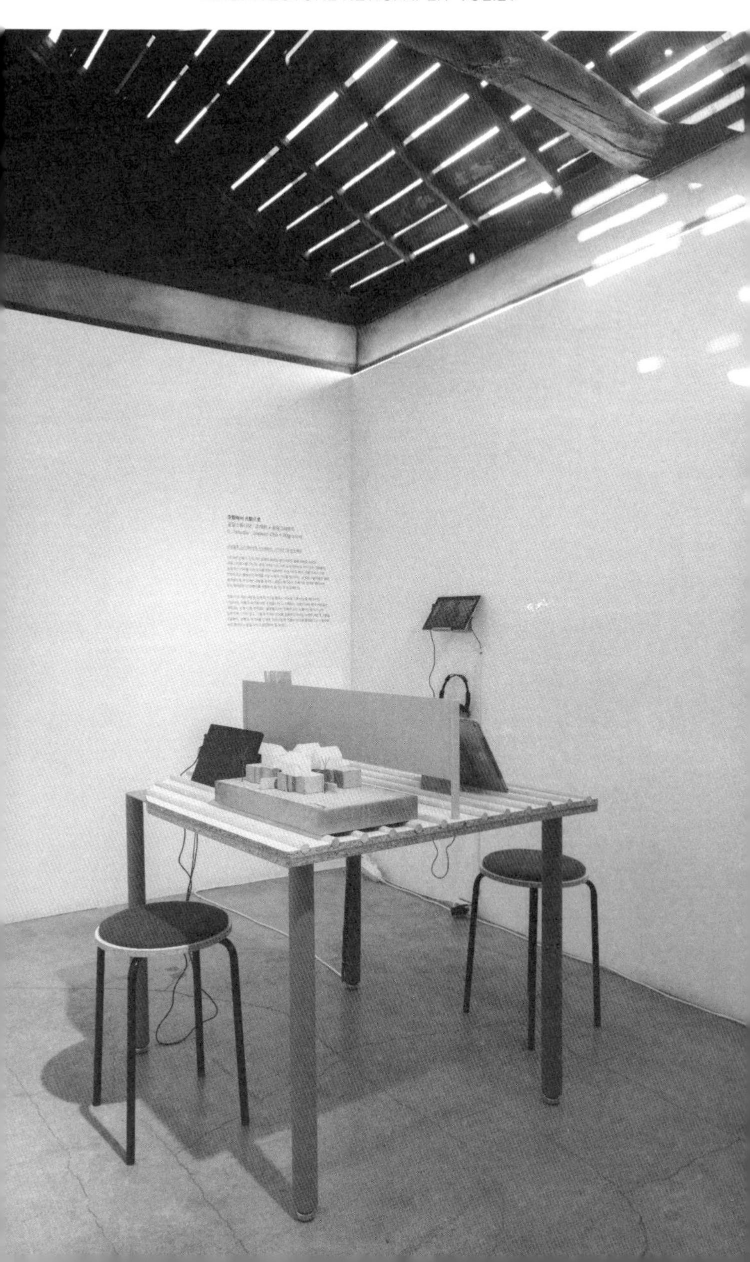

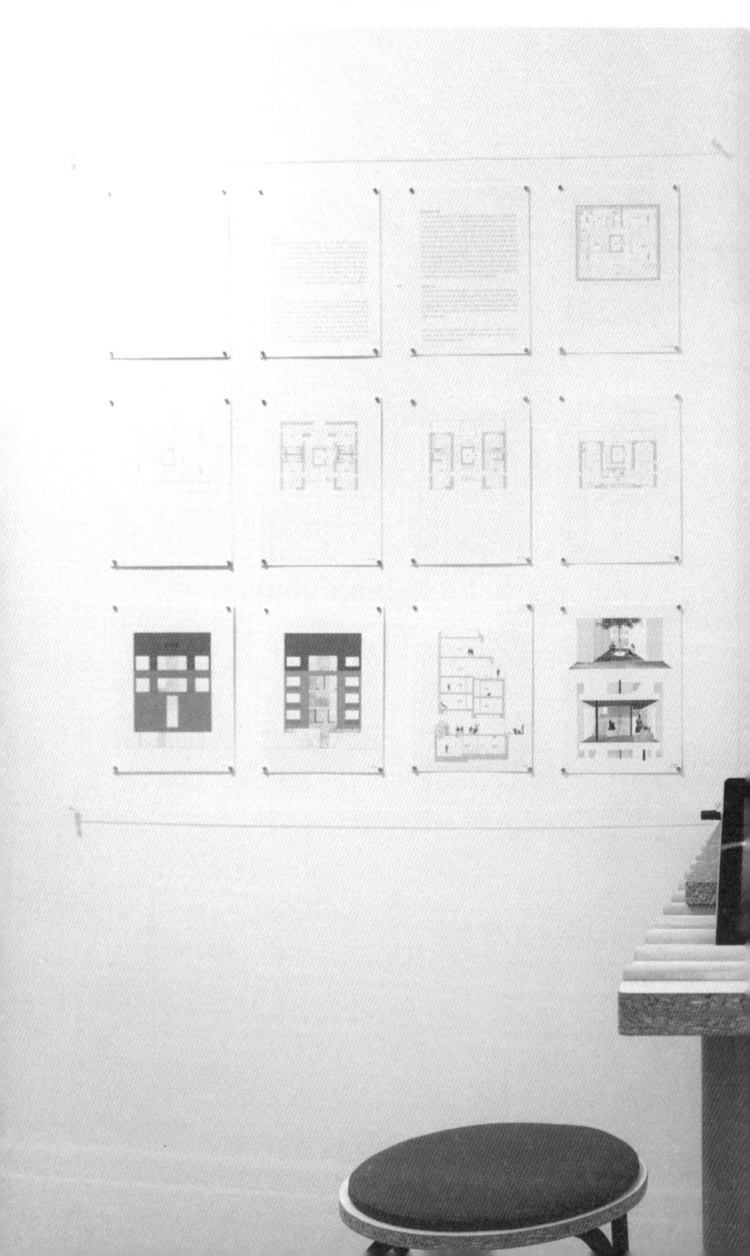

SONY

넥스토피아 전시

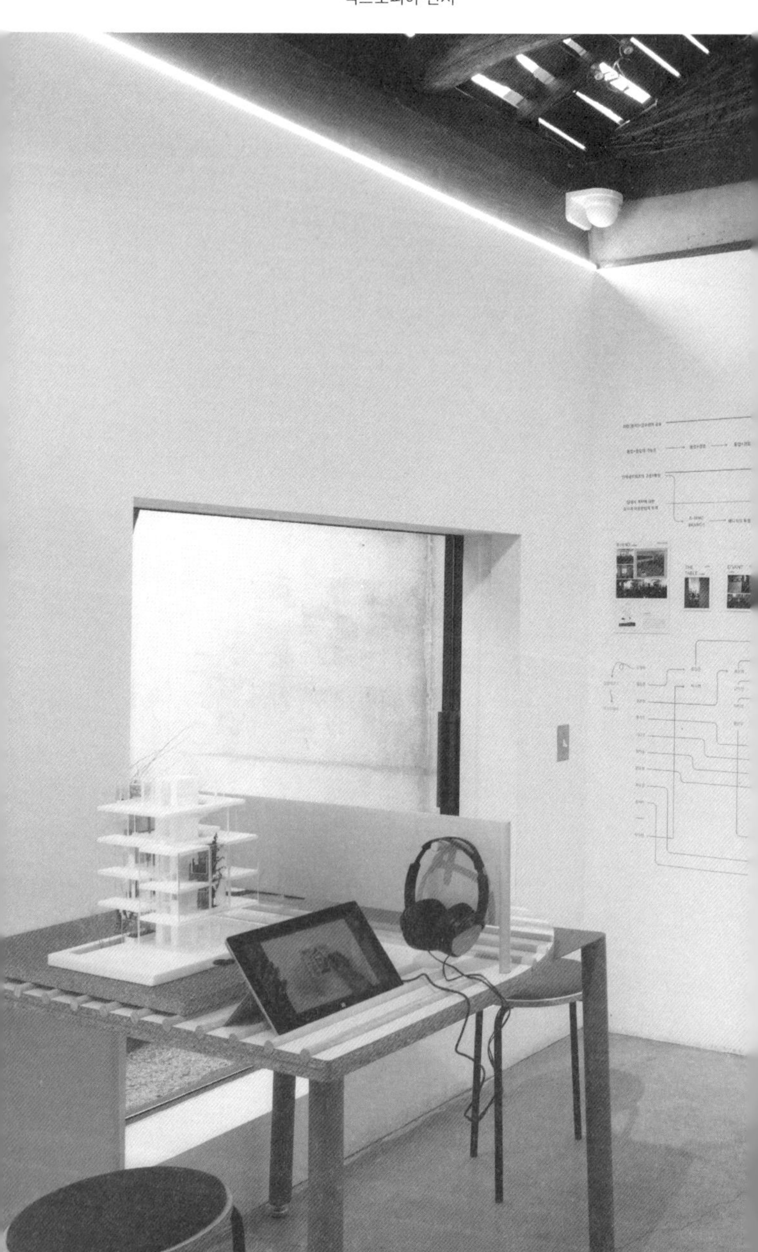

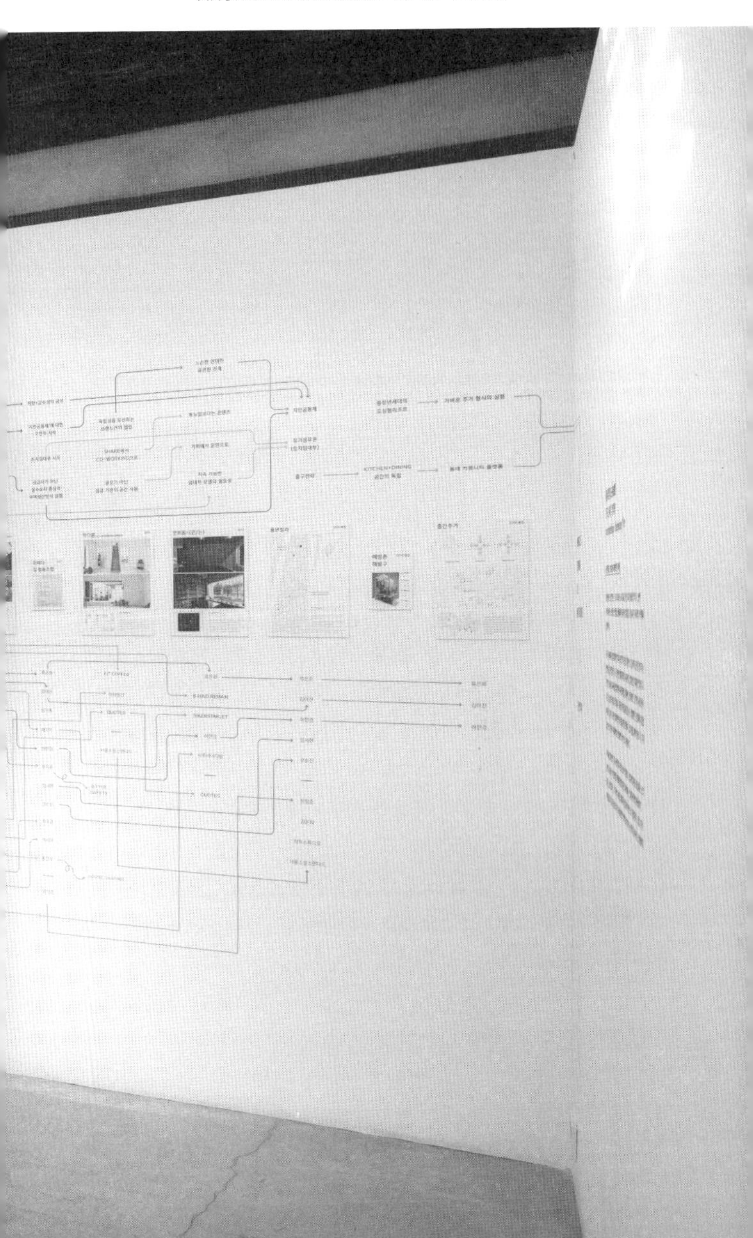

전시 후기 – 저출생 고령화 시대의 건축적 상상력

우리는 지난 50여 년간 고도성장을 구가해왔다. 생산과 소비는 나날이 늘어 대다수 사람의 삶은 꾸준히 나아졌고, 내가 노력만 한다면 잘 먹고 잘살 수 있다는 신념도 견고해졌다. 그 결과 국내총생산(GDP) 4만 불 시대가 눈앞에 와있다. 그런데 과연 경제는 계속해서 성장하고 우리는 점점 더 풍요로워질까? 역사를 돌아보고, 환경문제와 사회적 제약들을 고려해보면 이제 더는 과거와 같은 경제 성장과 번영은 기대할 수 없다. 그래도 그동안 경제가 성장했기 때문에 사회체제가 유지됐다고 말하는 사람들은 여전히 경제성장만이 답이라고 말한다. 정말 그럴까?

경제성장이라는 극복하기 어려운 모순과 문제들 속에 또 다른 복병이 나타났다. 고령화와 인구감소가 그것이다. 더 풍족하고 인간다운 삶이 의심받기 시작하면서, 청년들은 결혼을 꺼리고 신혼부부들은 아이를 낳지 않고 있다. 지난해 출생한 아이의 숫자는 1971년에 비해 1/4 수준이다. 급격한 고령화와 더불어 혼자 사는 1인 가구의 비중도 이미 인구의 30%에 육박하고 있다. 40대 이하에서는 50%를 넘어섰다. 2035년에는 인구의 40%가 혼자 살 것으로 예측된다고 한다. 혼자 사는 빈곤 청년·노인층은 이미 사회문제로 부상했다. 경제성장의 불확실성이 커지면서 장래에 대한 불안감이 걷잡을 수 없이 커지고 있다.

성급한 예상이긴 하지만 신생아가 줄어들고 고령화가 진행되는 인구 전환은 사회뿐만 아니라 국가와 자본의 형태까지도 바꾸어 놓을 개연성이 높다. 경제학자 게리 베커는 “출생률의 급락과 고령화는 생산가능인구의 수보다는 질이 중요한 새로운 시대로 우리를 이끈다”고 말한다. 물론 늘 적정 인구를

원하는 국가와 자본은 이런 급격한 사회 변화를 반기지 않는다. 덩치를 지속해서 늘려야 하는 자본에 생산가능인구와 소비시장은 절대적이고, 국가는 일할 사람이 줄어들고 부양해야 할 고령자가 느는 것이 부담이다. 과학·기술의 발전도 개인 간의 사회·경제적 격차를 키우고 그에 따른 사회 불안을 증폭시킬 것이다. 이에 따라 국가가 책임져야 할 국민의 삶의 영역도 폭발적으로 늘어날 수밖에 없다. 소비를 많이 하는 40–50대 인구가 줄어들면 소비가 위축돼 경기가 침체된다. 부족한 노동력을 메꾸기 위한 외국인 노동자의 유입은 또 다른 사회적 진통을 가져오게 될 것이다. (제주도 난민 청와대 청원 사건만 보더라도 우리 사회는 이주민에 대해 거의 묻지마식의 거부 반응을 보이고 있다.) 지방 도시 가운데 몇 곳은 소멸할 수 있고, 이런 위험에 처한 도시를 살리기 위한 정책들은 국민적 갈등을 일으킬 것이다. 지금 같은 정부의 출산장려책을 비롯한 대부분의 전환적 시도는 실패할 확률이 높다.

우리는 다른 질문을 던져야 한다. 우리 삶에 생산과 소비, 그것을 통한 경제적 부는 대체할 수 없는 절대적인 가치일까? 물질적 풍요를 향한 욕망 속에 파국의 함정이 도사리고 있는 것은 아닐까? 미래에 대한 불안감으로 시작된 출생률 하락의 본질적 해결책은 무엇일까? 고령화는 우리 사회에 부정적인 영향만 줄 것인가? 프랑스 경제학자이자 사회사상가인 다니엘 코엔은 『세계는 닫혀 있고, 욕망은 무한하다』(2015)에서 "우리는 고도성장기 사회체제에서 경제성장의 불확실성에 면역력을 갖추어야 하는 시대로 넘어서고 있다"[1]고 했다. 영국 경제학자 존 메이너드 케인스는 1930년에 출간한 『우리 후손을 위한 경제적 가능성』에서 "기술이 진보하면 시간당 생산량이 증가하므로 생계를 위한 필요 노동 시간은 점점 더 줄어들 테고, 100년

1 다니엘 코엔, 「경제성장 없는 진보는 가능한가」, 『녹색평론』 160호, 96쪽

후면 하루 3시간 일하는 것만으로 충분히 생활할 수 있다"고 예측하면서 나머지 시간은 예술·문화·철학 등에 시간을 쓰게 될 것이라고 단언했다. 그 100년 후가 2030년이다. 실현 가능성은 아직 멀리 있지만, 곱씹어봐야 하는 점은 과학·기술의 진보가 노동을 대체할 것이라는 점이다. 결국 인구와 소비의 감소를 걱정하기보다는 분배와 공유를 고민해야 하고, 지금 같은 물질적 성장의 추구보다는 더불어 행복하게 사는 노력이 필요하다는 것이다.

그동안 우리 사회는 경제성장을 통해 사회 갈등을 조정해 왔다. 불황이 확산되고 경제성장이 멈추면 그런 조정 능력은 힘을 잃게 된다. 피해자는 경제적 약자와 사회적 소수자만이 아니라 우리 대부분이다. 경제적인 불안정이 커질수록 장래에 대한 더 큰 불안을 느끼고 살게 되기 때문이다. 여기에 미세먼지 같은 악몽의 도래는 정신적·환경적으로도 '여유 없는' 삶을 펼쳐놓는다. 지금 방향을 전환하지 않으면 우리가 보게 될 것은 장밋빛 미래가 아니라 소멸해가는 세계의 전조일 것이다.

우리는 시선을 경제성장과 풍요로부터 돌려서 사회·경제적 불평등을 공동체 안에서 치유하고 품을 방법을 찾아 나서야 한다. 생산가능인구와 소비인구의 감소가 일으킬 문제에 매달리지 말고, 기술 진보로 획득한 부를 사회구성원들과 어떻게 나누고 누릴 것인가를 고민해야 한다. 독점에서 공유로, 혼자만의 삶에서 더불어 사는 삶으로 방향을 틀어야 한다. 답을 쉽게 찾으려 한다면 그 답은 오답일 확률이 높다. 함께 살아가는 것의 의미, 타자와 소통하는 방법, 이와 연관된 도시·건축의 변화 등에 대해 진지한 고민을 시작해야 한다.

저성장, 저출산, 고령화는 우리 각자에게 곧 도래할 새로운 공동체에 대한 건축적 상상을 요구한다. 우리가 꿈꾸는 삶과 일을 펼칠 수 있는 공간에 대한 요구는 나날이 늘어나고 있다. 공간에 대한 문제 역시 쉬운 해결책은 없다. 고민이 부족한 간편한 해법일수록 우리를 점점 더 독존의 세상으로 밀어낸다. 사회적 부를 공유하며 연대하는 살맛 나는 공동체는 어떤 순간

결정적인 힘으로 우리 삶에 등장할 것이다. 새로운 공간에 대한 꿈도 그 바탕 위에 피어날 것이다. 그래서 인구 감소, 고령화, 1인 가구 증가라는 사회 문제를 각 개인이 맞닥뜨린 공동의 문제로 환원하는 지혜가 필요하다. 이런 고민을 해온 건축가들의 작업을 '공동의 공간', '사회적 가족' 등의 키워드로 모아 봤다.

김성우, 박창현, 이치훈, 임대병, 조병수, 조재원 여섯 명의 건축가는 각자 드로잉, 이미지, 영상, 사진, 텍스트, 모형 등으로 자신의 이야기를 전했다. 김성우(N.E.E.D.건축사사무소)는 자신의 사무실 겸 주택인 일원동 주거복합 프로젝트를 통해 소필지 주거지역의 주거복합모델, 개별 건물과 지역 사이의 공동성을 고민했다. 박창현(에이라운드건축)은 '심리적 경계'를 주제로 전농동 공동주택의 공용공간과 사이 공간을 통한 적절한 커뮤니티 전략을 소개했다. 임태병(문도호제)은 토지 임대부 프로젝트 풍년빌라를 통해 지인 공동체의 가능성과 출구전략을 실험 중이다. 조재원(공일스튜디오)은 공공그라운드와 함께 대학로 샘터화랑을 리노베이션한 코워킹 스페이스를 통해 유연하고 유목민적인 생산(일터) 공동체를 만드는 과정을 소개했다. 이치훈(SoA)은 우포 자연도서관 프로젝트를 통해 공동체를 위한 열린 공간으로서의 도서관 기획과 그 추진 과정을 보여줬다. 조병수(조병수건축연구소)는 '이중성의 공존, 개인주의적 열림주의'를 주제로 개인성의 보장을 통해 공공성을 확보하는 공간을 제안했다.

이들은 삶과 일터에 대한 건축적 상상의 파편들로 우리의 환경, 사회, 기술의 변화를 건축적 감수성으로 발견하는 작업들이었다. 어쩌면 이 전시는 우리가 지나온 길과 다가올 미래 사이의 불안, 그 불안 속에 섞인 희망과 근심, 그리고 예측되는 소멸에 대한 이야기들인지도 모른다. 이런저런 자리를 통해 이 이야기가 계속되기를 바란다.

박성태, 〈넥스토피아〉 큐레이터, 정림건축문화재단 상임이사

단지에서 동네로 – 일원동 단독주택 리노베이션

김성우

소필지 주거지의 원룸화

1970년대 50–60평 필지로 구획된 서울 도심의 주거지역에 단층의 전후 보급형 주택들이 지어지기 시작했다. 이후 서구식 주거 방식이 도입되면서 '양옥'으로 통칭하던 2층짜리 단독주택이 도심 주거지역을 채우기 시작했다. 1990년 다가구 주택이 법제화되면서 반지하 위에 지상 2층을 얹어 총 세 개 층으로 이루어진 주택 유형이 소필지 주거지역에 등장하기 시작했다. 특히 반지하에 두 세대, 1층에 두 세대, 2층과 옥탑에 주인 세대가 거주하는, 다섯 세대가 모여 사는 옥외 계단형 다가구 주택이 빠르게 확산되었다. 1990년대 말에 이르러 옥외 계단실을 실내로 전용하여 사용하는 것을 막기 위해 옥외 계단을 건폐율에 산입하도록 건축법이 개정되었다. 이와 함께 공용공간을 실내화한 '중앙 계단형 다층 다가구·다세대 주택'이라는 유형이 등장했다.

2010년을 정점으로 4인 가구 비율이 급격히 감소한 반면 1–2인 가구가 증가했다. 새로운 수요를 충족하기 위해 소필지 주거지역에 660m² 미만의 4층짜리 다세대 원룸·투룸 주택이 급증했다. 오래된 단독주택에 살던 집주인들이 다른 곳으로 이주하고, 소위 '집장사'로 통칭되는 시행사가 단독주택 필지를 매입한 후 수익형 다세대 주택을 지어서 분양하기 시작한 것이다. 소필지 주거지역의 풍경은 점차 주인 없는 원룸촌으로 바뀌어

갔다. 이어진 주차장 법규의 지속적인 강화로 인해 필로티 형식의 다세대 주택이 등장하게 되었다. 2010년 이후에는 자본력 있는 시행사들이 수익 극대화를 위해 여러 필지를 통합하여 규모를 키운 기업형 원룸을 양산하면서 소필지 주거지역의 가로경관과 도시구조의 파괴가 더욱 가속화되는 상황이다.

단독, 다가구, 다세대, 오피스텔, 원룸, 원룸텔, 쪽방, 고시원, 도시형 생활주택까지 다양한 소필지 주거지역의 소규모 주거 유형이 존재한다. 하지만 이 주거공간들은 철저하게 도시와 단절되고, 번듯한 단지형 아파트와 비교되는 열악한 주거 환경으로 낙인 받았다. 고시원이나 원룸 등에서 논의되었어야 하는 최소 주거공간에 대한 기준, 단위 주거의 집합 방식, 주거 유형 속 공공공간의 해석 등은 제대로 이야기되지 않은 채 남겨져 있다.

소필지 주거지역에서 원룸이 아닌 대안으로 무엇이 가능한가? 주거지역이 원룸촌으로 바뀌어 가면서 동네라는 개념이 소멸하고, 사람들이 이런저런 주거를 떠돌아다니는 문제는 어떻게 해결할 수 있는가? 인구가 줄어들고 가족이 해체되는 노령화 사회에서 소필지 주거지역의 새로운 거주 방식은 어떻게 정의될 수 있는가?

단지에서 동네로의 이주

2017년 1월 역삼동에 위치한 N.E.E.D.건축사사무소의 사무실 임대 기간이 만료되어 다른 곳으로 이전해야 하는 상황에 처하게 되었다. 직원 다섯 명 이하의 작은 사무실이고, 업무 특성상 임대료가 비싸고 접근성이 좋은 번화가보다는 작업 공간, 회의 공간, 휴게실 같은 부가적인 공간을 충분히 확보한 안정적인 사무실이 필요했다. 그래서 평소 관심 있던 소필지 주거지역을 살펴보기 시작했다. 교통이 편리한 지하철 인접 지역이어야 하고, 손님이 찾아왔을 때 주차를 할 수 있는 공간이 확보되어야 한다는 두 가지 조건을 얹어서 약 6개월간 마포구 대흥동, 광진구 중곡동, 성북구 석관동 등의 소필지 주거지역을 살펴봤지만 마땅한 곳을 찾지 못했다.

그러던 중 강남구 일원동의 3호선 대청역 인근의 대청마을을 알게 되었다. 주변 블록이 모두 아파트 단지로 바뀌는 동안 재개발되지 않고 2층 이하의 단독주택들이 그대로 보존되어 있었고, 처음부터 살던 집주인들이 아직 동네를 떠나지 않은 덕분에 원룸화되지 않고 남아 있었다. 주변에 높은 건물이 없어서 골목을 걸어가면 단독주택 지붕 사이로 파란 하늘이 보이는 것이 좋았고, 골목 코너의 슈퍼마켓 앞에 동네 사람들이 평상을 펴놓고 두런두런 이야기하는 모습도, 집마다 작은 텃밭을 가꾸고 정원을 손질하는 모습도 좋았다. 그래서 거주 공간과 일하는 공간을 합쳐서 이전하기로 마음먹었다. 사무실 보증금과 여유자금, 매달 지급하던 사무실 임대료만큼의 이자를 계산해 대출을 받고, 살던 아파트에 묶여 있던 자금까지 끌어모아 주택 매입 자금과 공사비를 마련할 수 있었다.

일원동 단독주택 리노베이션 프로젝트는 30년 이상 된 주택을 직접 매입하여 공사를 진행하면서 겪은 여러 문제와 극복 과정, 사무실과 거주 공간을 이주한 후 동네에 적응하면서 발생했던 사건들을 담고 있다. 주거 유형 연구를 진행하면서 깨달았던 사실들과 일원동 프로젝트를 통하여 직접 경험한 소필지 주거지역의 대안적 거주 방식에 대한 이야기를 풀어보고자 한다.

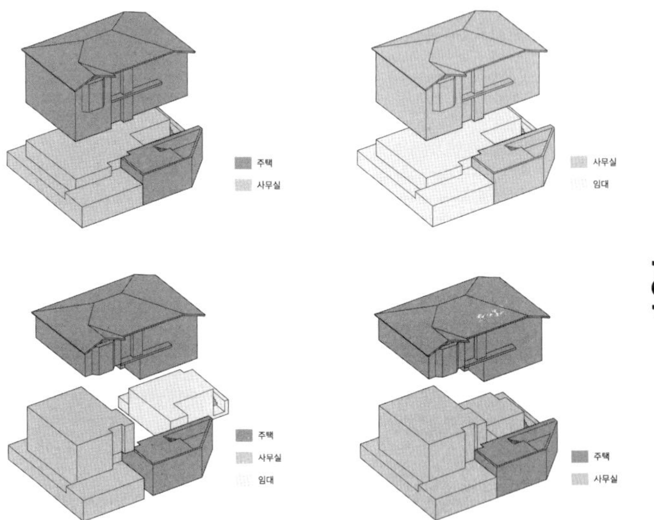

일원동 주택 리노베이션 다이어그램

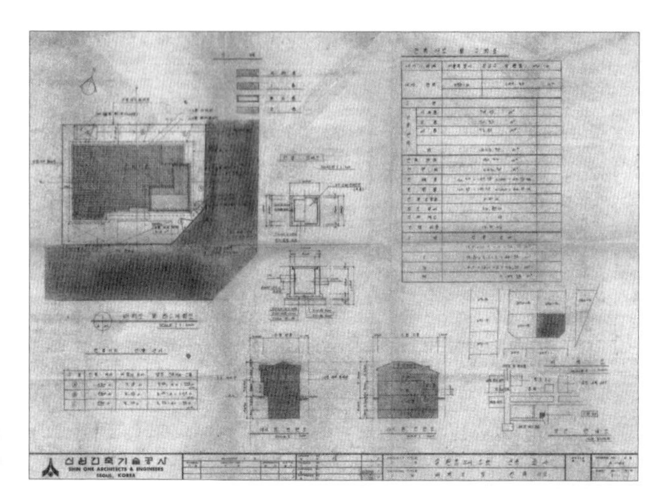

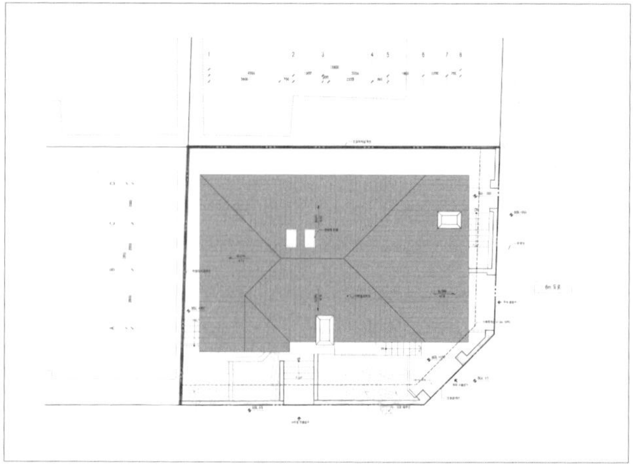

배치도 (위: 기존, 아래: 리노베이션)

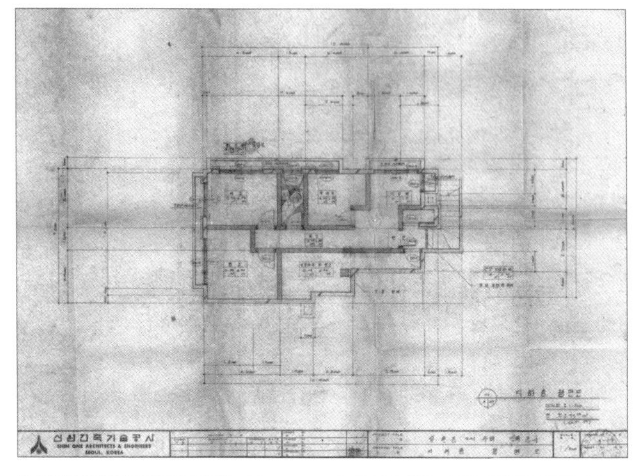

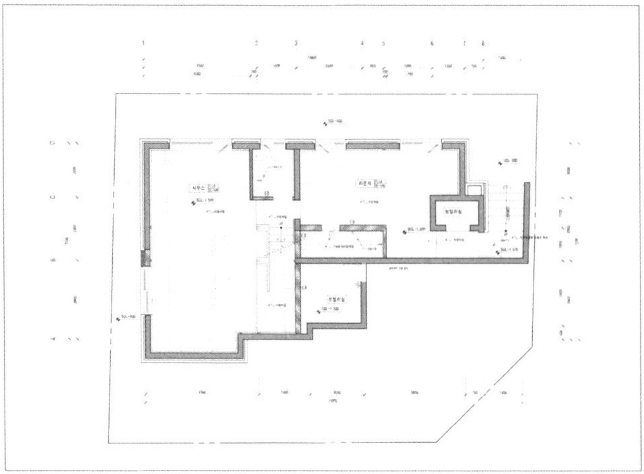

지하 1층 평면도

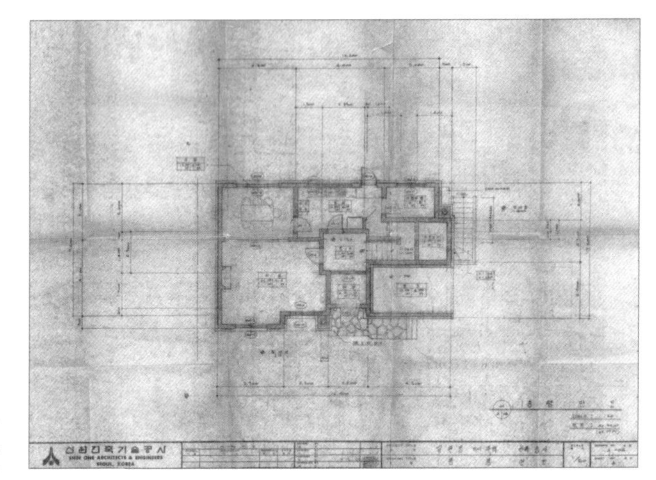
신원건축기술공사
SHIN ONE ARCHITECTS & ENGINEERS
SEOUL, KOREA

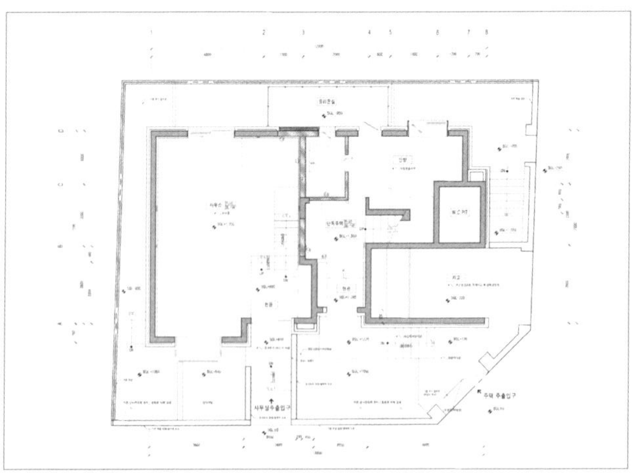
사무실주출입구
주택 주출입구

지상 1층 평면도

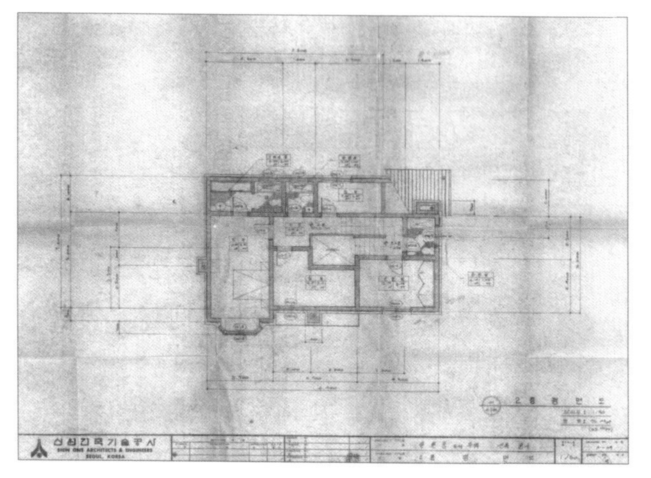

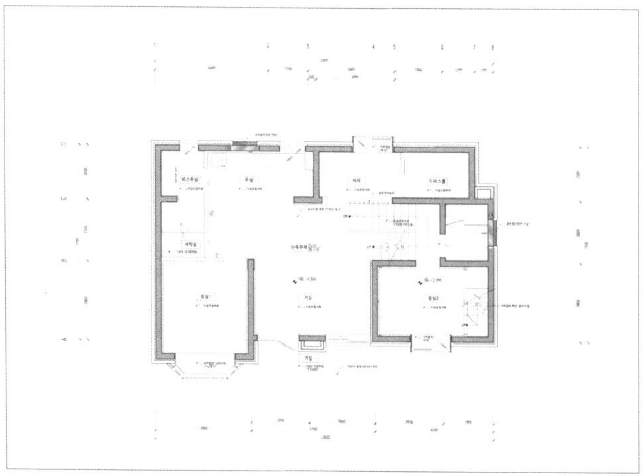

지상 2층 평면도

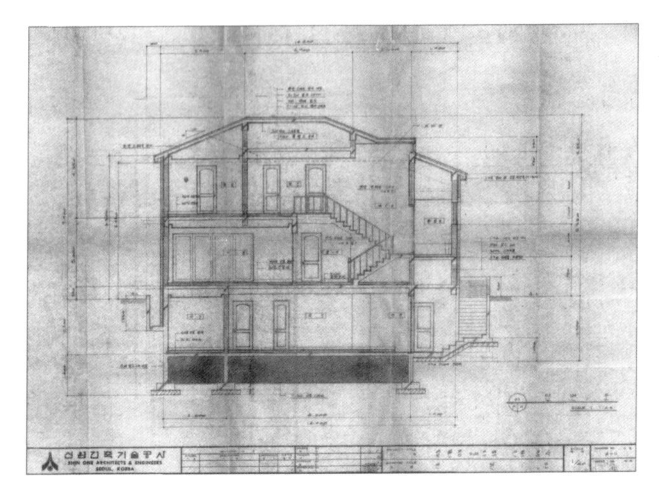

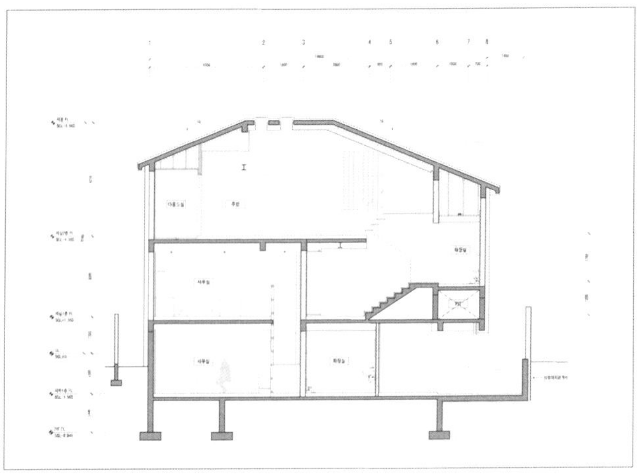

단면도

심리적 경계 – 유일주택

박창현

주택 정책

한국은 새마을운동을 기점으로 경제 발전에 역점을 두고 미국 경제 발전 방식을 모델로 삼았다. 미국은 저금리 모기지론으로 1가구 1주택을 구매하도록 유도했고, 주택을 담보로 평생 이자를 갚아나가는 구조를 만들었다. 노동자들은 주택을 얻게 되지만 주택 구입을 위한 이자를 내기 위해 열심히 노동하게 되고, 이를 동력 삼아 국가 경제가 작동하도록 설계된 것이다. 이후 일본도 이와 같은 방식을 도입했고, 1960년대 한국도 비슷한 방식을 도입했다. 그렇게 출발한 한국 주택 정책은 경제 성장의 역할을 담당하기 위해 존재하게 되었다. 이는 '어떤 주택을 공급할 것인가', '어떤 주택에서 생활할 것인가'라는 문제를 간과하게 만들었고, 오랫동안 주택을 경제(재화) 수단으로 인식하게 했다. 현재 1가구 1주택을 전제로 한 내 집 마련 정책이 실패했다면, 그 실패는 단순히 경제 정책의 실패가 아니라 우리 일상생활이 파괴되었음을 뜻한다.

이스탄불 선언

이스탄불 선언은 모든 사람에게 적정한 주거를 보증하고, 나아가 더 안전하고, 건전하고, 평등하고, 살기 좋고, 지속 가능하고, 생산적인 인간 거주 지역의 실현을 보증하려는 세계의 목표를 지지한다는 내용이다. '경제 성장을 위한 도구로서의 주택'이라는 한국 사회의 사고는 실제 사람들의 삶의 질을 최우선으로 생각해야 한다는 이스탄불 선언에서 벗어나서 경제적 이익에 고착되어 있다. 우리 생각은 브랜드를 앞세운 아파트에 속박되어 있다. 주택 공급자의 이윤을 지켜주는 것이 아니라 그곳에서 생활하는 주민의 삶의 질을 높일 목적으로 주택을 지어야 한다는 인식 전향이 필요하다. 주택은 더 이상 독점 자산이 아닌 사회 자본으로 인식하는 전환이 필요한 시점이다.

주거의 변화

과거 삶의 형식은 개인의 프라이버시보다 지역이나 동네의 가치가 더 컸기 때문에 집들이 골목이나 좁은 길로 서로 연결되었다. 개인 영역인 집과 공용 영역인 길의 관계가 비교적 개방되어 있어서 사람들과의 관계도 열려 있었던 것이다. 하지만 주거 형식이 아파트로 변화하면서 삶의 형식도 바뀌었다. 주택과 길의 사이를 이전에는 마당이 연결해 주었다면, 지금은 아파트 현관문에 의해 경계가 생기고 집과 집은 공용공간인 복도나 계단으로 나뉘게 되었다. 현관문과 벽으로 둘러싸인 집은 프라이버시를 이유로 더욱 폐쇄적으로 변했고, 지금은 옆집과의 관계마저 어색한 상황에 이르렀다. 2년마다 하는 전세 계약은 때마다 이웃이 바뀌게 했고, 아예 이웃이 존재하지 않는 지경으로 만들었다. 옆집과 어떻게 소통해야 하는지도 잊어버린 지금, 과연 함께 사는 공동체에 대한 개념이 우리에게 얼마나 남아 있는지 의문이다.

심리적 경계와 거리감

유일주택 계획은 옆집과의 관계, 앞집 사람과의 소통에 대한 실험이다. 잃어버렸던 사회 구성원으로서의 공동체적 가치에 대한 변화를 유도하는 것을 출발점으로 삼는다. 인류학자 에드워드

홀에 따르면 상대방과의 관계와 거리에 따라 심리적 변화가 일어나는데, 0.5m, 1.2m, 3.6m, 7.5m가 각각 밀접한 거리, 개인적 거리, 사회적 거리, 공적인 거리로 나뉜다고 한다. 개인 간에는 관계와 상황에 따라 감각적으로 변화를 감지하고 반응할 수 있는 적절한 폭의 완충지대가 필요하다. 너무 가까워지거나 너무 멀어지면 관계가 손상될 수 있다. 즉 스트레스가 가해져 부적절한 행동, 관계, 감정 표출을 강요당하게 된다.

우리는 관계의 양과 질을 증진하고자 서로 어떤 관계일지, 어떻게 느낄지, 무엇을 하고 있을지 등을 파악해 상황에 따른 적절한 거리를 설정하고, 건축적 장치를 통해서 옆집과의 관계를 다양하게 연결하는 실험을 진행했다. 두 사람 사이에 생기는 거리감은 공간화된 관계성이다. 각 영역의 분절과 연결의 정도에 따라 각양각색의 관계가 생겨난다. 공용공간에 의한 개별 공간 사이의 관계성도 중요해진다. 공동주택 안에서 수평, 수직으로 연결되기도 하고 나뉘기도 하는 공간의 가능성을 확인하고자 한다.

함께하는 기능

공동주택의 개개인이 각자 집에서 필요로 하는 것 중 일부는 공동 영역에서 함께 사용하도록 유도한다. 주로 개인 영역에 놓는 세탁, 샤워, 주방 등을 함께 사용하는 지하공간에 놓도록 제안한다. 이를 통해 커뮤니티가 자연스럽게 생기기도 하고, 혼자 사용할 때보다 나은 혜택을 누릴 수 있다. 지하공간 일부를 공용공간으로 열고, 지층부와 저층부에 입주민들이 적극적으로 대면할 수 있는 공유공간을 만든다. 이런 장치들을 통해 개인이 소외되지 않는 공동체 주택을 제안하고자 한다.

어떤 주거 방식과 주택을 공급할 것인가 하는 문제가 국가의 책임이라면, 그 구체적인 방법을 제안하는 것은 건축가의 책임이다. 그래서 다양한 선택지를 이번 작업에서 제안하고자 한다.

전시 영상의 스틸컷. 유일주택의 각 층 평면을 펜 메모와 육성으로 설명하는 영상

공용공간 모형 사진

북측 건물 전경 모형 사진

위: 2,3층 개구부 모형사진 / 아래: 남측 지하 선큰 가든 모형사진

북측 입면도

남측 입면도

중정

복도

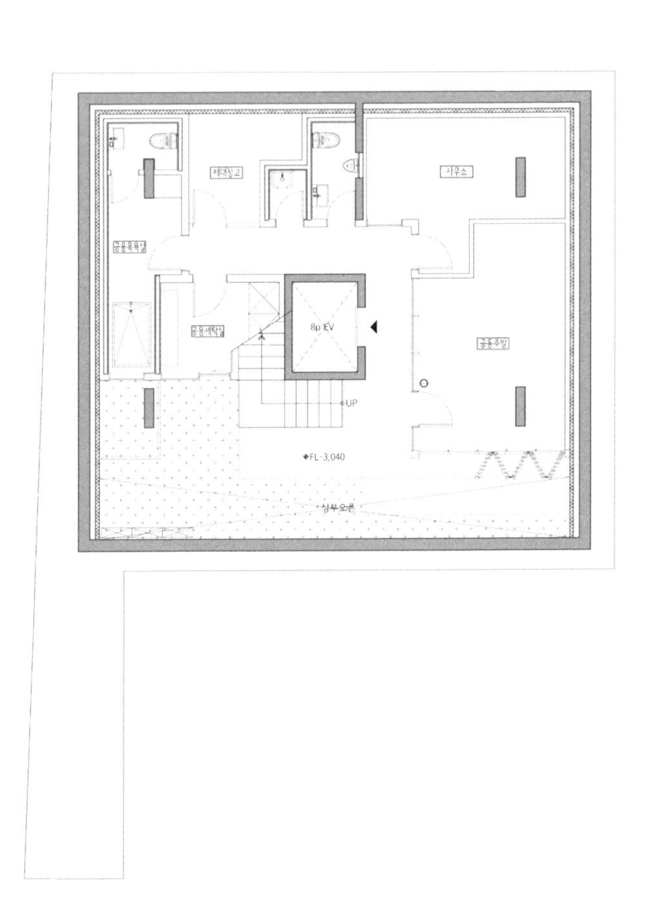

지하 1층 평면도

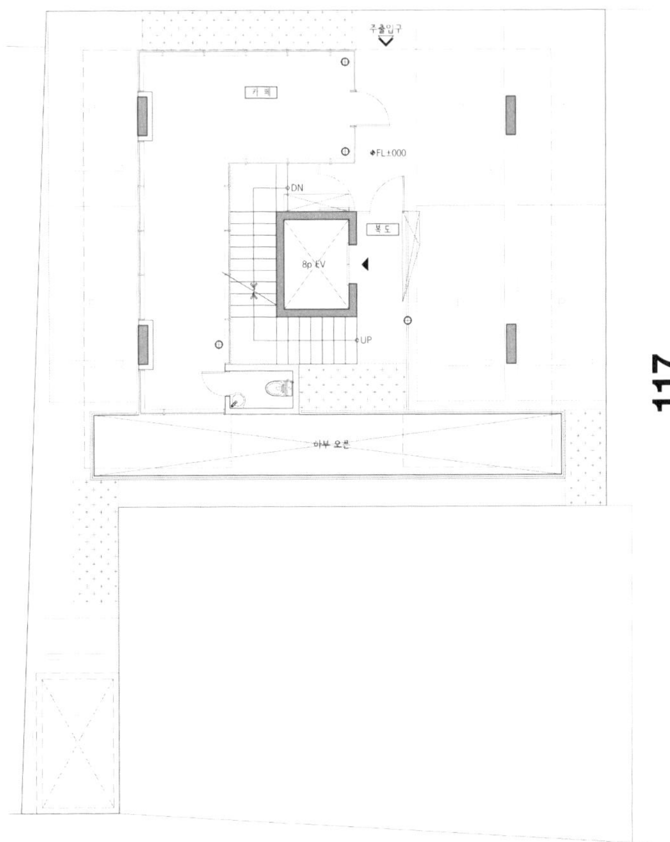

지상 1층 평면도

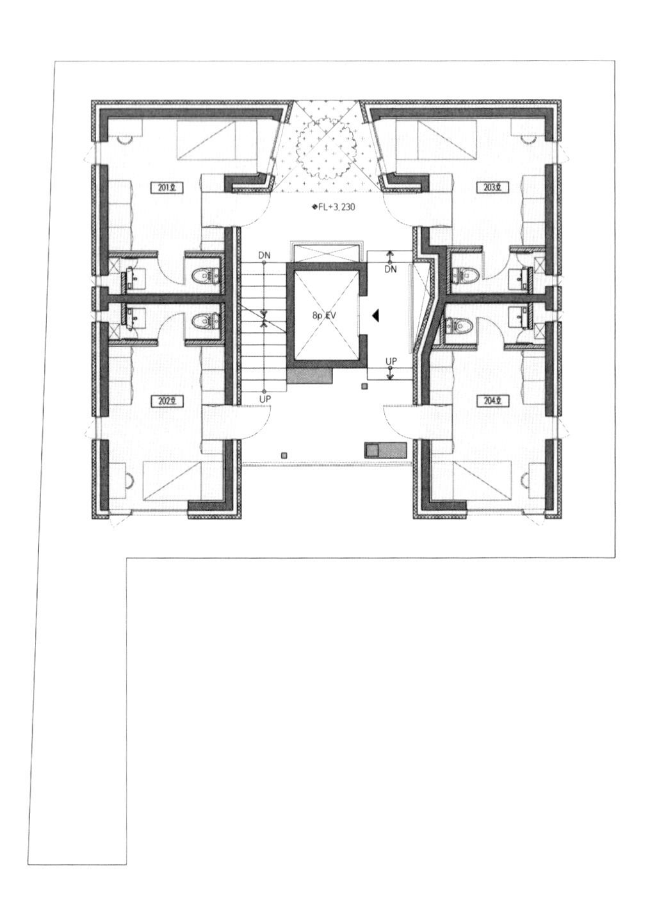

지상 2층, 3층 평면도

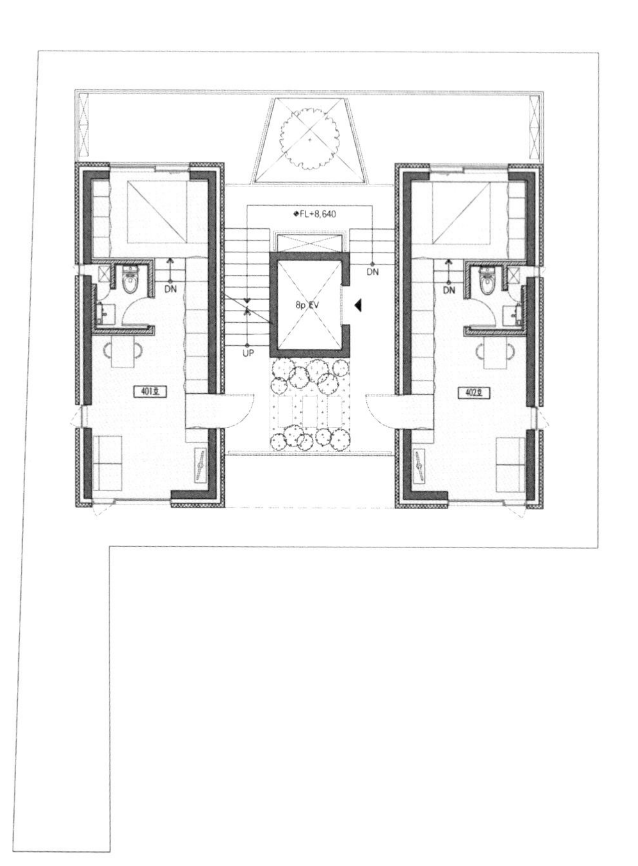

지상 4층 평면도

점유감각, 주거의 가벼움에 대하여 – 풍년빌라

임태병

예측은 늘 어렵다. 더구나 지금처럼 변화가 빠른 (게다가 한국) 사회에서 무언가를 대비한 해결책 제시는 어쩌면 거의 불가능하다고 보는 편이 현명할지도 모른다. 이 제안은 특정 프로젝트의 결과물이나 건축적 성과 혹은 해결에 대한 내용을 담고 있지는 않다. 단지 그간의 작업을 통해 관심을 가지고 지속적으로 시도했거나, 현재 진행 중인 몇 가지 실험의 일부다. 아직은 과정도 탄탄하지 못하고 결과가 보장된 실험도 아닐지 모를, 문제 제기 정도의 단계로 보는 편이 적당하다. 하지만 문제 제기를 통한 사고의 공유가 모든 프로젝트의 출발점임을 상기하면, 그것대로 중요한 의미가 있다. 풍년빌라 프로젝트는 이러한 문제 제기와 함께 몇 가지 단서를 제공한다. 그 키워드는 다음과 같다.

지인 공동체

그동안 주거 공동체에 관한 시도에서 드러나는 분명한 한계는 여전히 공급자 위주의 방식이라는 점이다. 대부분의 아파트가, 다세대 혹은 다가구가, 또는 원룸 등이 그래 왔듯이. 이 한계는 건축가가 설계한 근사한 건축물일지라도 별로 다르지 않다. 주거의 규모나 법적 분류와는 무관하게 한 건물에 함께 사는 일은 결국 이웃이 되는 일이다. 일면식도 없던 생면부지의 남이 (집이 완공된 후) 같은 건물에 산다는 이유만으로 갑자기 이웃이 되는 일은 매우 드물다. 풍년빌라는 비슷한 취향과 감성을 가진 사람들, 혈연관계로 얽힌 가족이 아니라 오랜 기간 일상을 함께하며 정서적 유대감을 공유하는 사회적 가족으로부터 출발한다. 공급자가 만든 물리적인 집이 아닌 함께할 집이 필요한 관계에서부터 시작하는 것으로 프로젝트의 진행 방식을 전환한다.

장기 점유권

한국 사회에서 임대업이란 '대지+건물'의 조합을 기반으로 물리적 공간을 빌려주는 일이다. 임대 조건에서는 누가 그 건물을 어떤 용도로 사용할지 알 수 없는 일이다. 게다가 건물의 경우에는 감가상각으로 인한 가치의 지속적인 하락이 발생한다는 점에서 '대지+건물'의 조합을 기본으로 하는 임대 조건은 매우 이해하기 어려운 행위다. 상승하는 지가에 상충하는 건물의 감가상각은 임대업의 가장 큰 딜레마인 것이다. 조금 더 근본적인 임대 조건으로 방향을 조정하는 것은 불가능할까?

— 임대인은 대지만 빌려주고 건물은 실제로 사용할 임차인이 사용 방향을 결정한다.
— 임차인은 건물의 사용(신축 혹은 리뉴얼) 비용을 투입하는 대신 장기 점유권을 갖는다.
— 임대인은 건물에 투입할 추가 비용을 줄이는 대신 임차인의 장기 점유권을 보장한다.
— 장기 점유 계약 완료 후, 지가 상승으로 인한 시세차익은 임대인의 수익으로 전환한다.

이런 임대와 관련된 몇 가지 새로운 방법과 조건을 찾는 과정에서 풍년빌라 프로젝트가 시작된다.

기존 공동체 주거 프로세스

공급자
(정부, 기업, 개인)

주체

↓

토지매입

↓

건물 신축

↓

입주자 모집

1. 철저히 생면부지로 엮어진 이들이
   진정한 이웃이 될 수 있을까?
2. 사용자가 명확하지 않은 시점에서 지어진
   건물은 누구를 위한 건물인가?

지인 공동체 프로세스 제안

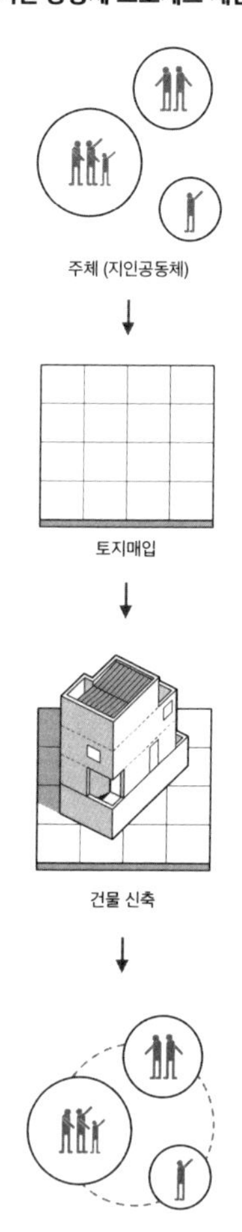

공급자가 물리적으로 제공하는 집이
아닌 '관계'로부터 시작하는 집

부동산 임대의 일반적 조건

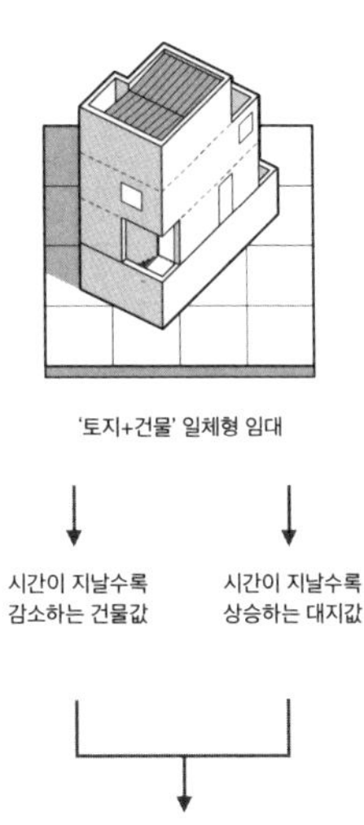

'감가상각'의 딜레마
Zero-sum game으로
전락해버리는 기존 임대업

조금 더 근본적인 임대 조건으로
방향 조정은 불가능한 것일까?

장기점유권 제안

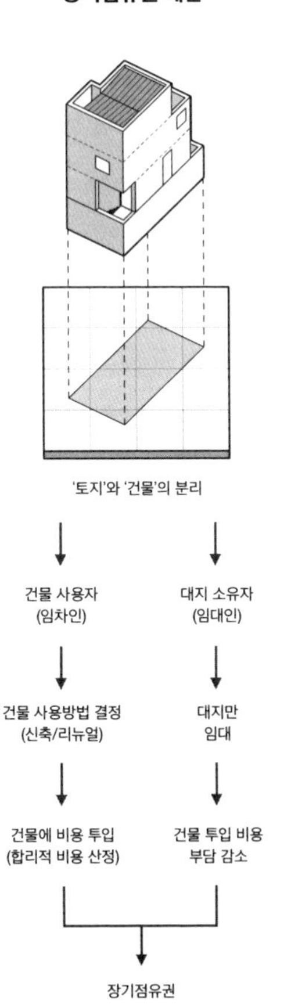

출구전략을 위한 시간 확보

지가상승으로 인한 시세차익 취득 '토지'

출구 전략

장기 점유권에도 불구하고 계약 완료 후 임차인에게 다음 단계는 절대 보장되지 않는다. 그러므로 소위 '출구 전략'은 이 제안의 가장 중요한 키워드가 될 수밖에 없다. 전략의 핵심은 임차인(지인 공동체) 스스로 운영 가능한 수익 모델을 개발하는 일이다. 이를 통해 일정한 자본을 확보하는 행위는 계약 완료 이후를 위해 반드시 필요하다. 풍년빌라의 경우 건물 1층에 카페를 운영하는 것이 그것이다. 이는 풍년빌라 지인 공동체의 근간이 카페 비하인드의 커뮤니티와 네트워크라는 점 때문에 가능한 일이다. 건물의 적절한 규모 산정과 공간의 효율적 분배를 통한 잉여 부분의 임대 사업도 충분한 대안이 될 수 있다. 지인 공동체가 함께 사는 집에 자리한 근린생활시설은 입주민은 물론 동네 커뮤니티 시설로서 일정 역할을 담당할 수 있기 때문에 단순한 상업시설 이상의 가능성을 지닌다.

세 가지 키워드는 결국 '주거의 가벼움에 대한' 질문과 고민으로 귀결된다.

— 지인 공동체 : 혈연으로 구성된 가족이 아닌 사회적 식구는 가능한가?
— 장기 점유권 : 집은 반드시 소유해야만 하는가?
— 출구 전략 : 한 장소에서 오랫동안 정주하는 삶이 여전히 유효한가?

다시 말해, 이 프로젝트는 집을 가족 이데올로기 중심의 고정불변하는, 그리고 어느 정도는 신성불가침한 영역으로 여기는 기존 사고를 바꾸는 실험이라 할 수 있다. 실험의 결과가 유토피아일지, 디스토피아일지는 사실 아무도 알지 못한다. 단지, 우리가 처한 상황과 조건에서 취할 수 있는 최선의 방법을 찾고자 노력할 뿐이다.

출구전략 제안

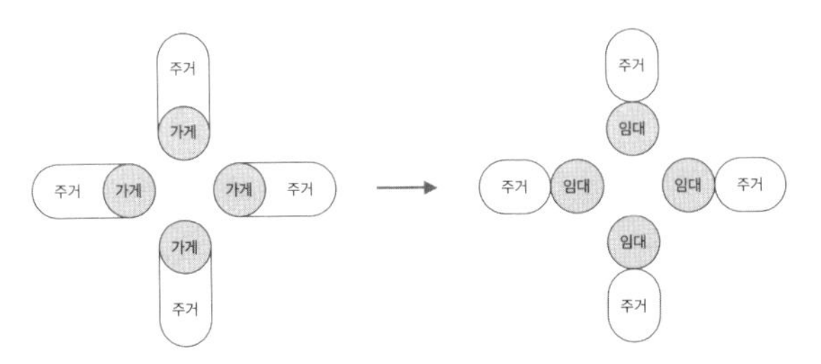

CASE STUDY 1. 건물 내에 마련한 가게의 직접적 운영을 통한 수익금 마련 (풍년빌라: 지인공동체 카페 운영)

CASE STUDY 2. 건물의 잉여부분을 임대하여 수익금 마련

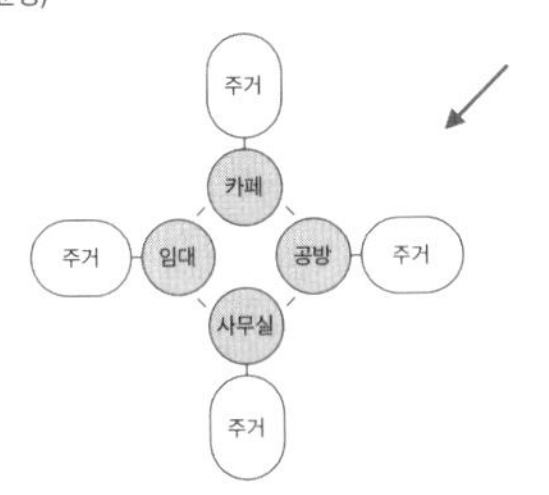

CASE STUDY 3. 확장형모델(직접운영+점유형 임대)을 통해 동네 커뮤니티로 확장('중간주거' 개념으로 확대)

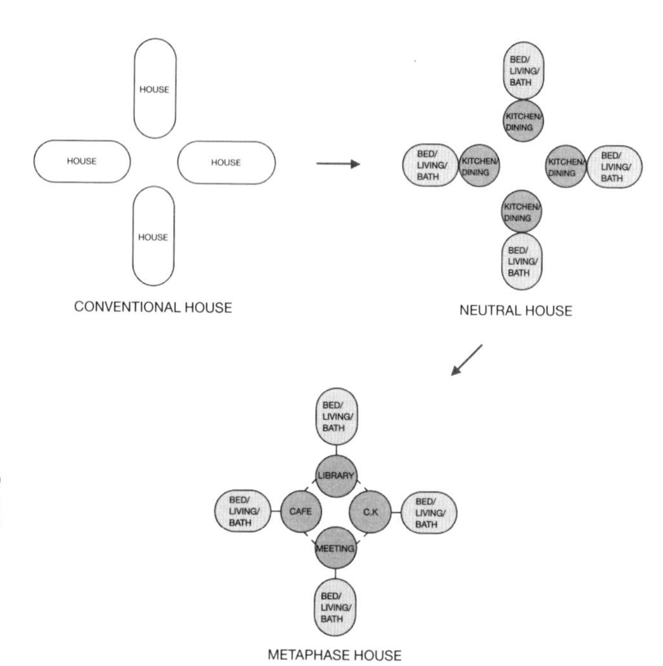

중간 주거

풍년빌라 프로젝트에서 시작한 이러한 문제 제기는 다음 단계에서 제안 가능한 '중간 주거'라는 개념까지 확장될 수 있다. 중간 주거는 주거가 가벼워지는 흐름과 출구 전략이 결합하는 과정에서 유효하다고 판단되며, 건축의 새로운 유형적 접근이기보다는 집의 사용법에 대한 다른 해석과 제안이라 할 수 있다. 집과 호텔의 경계에서 유연하고 자율적인 선택이 가능한 중간 주거는 운영과 조합 방식에 따라 단순한 집의 일부에서 동네의 커뮤니티 플랫폼으로까지 확장될 여지를 함께 지닌다.

중간주거

중간주거
Conventional House

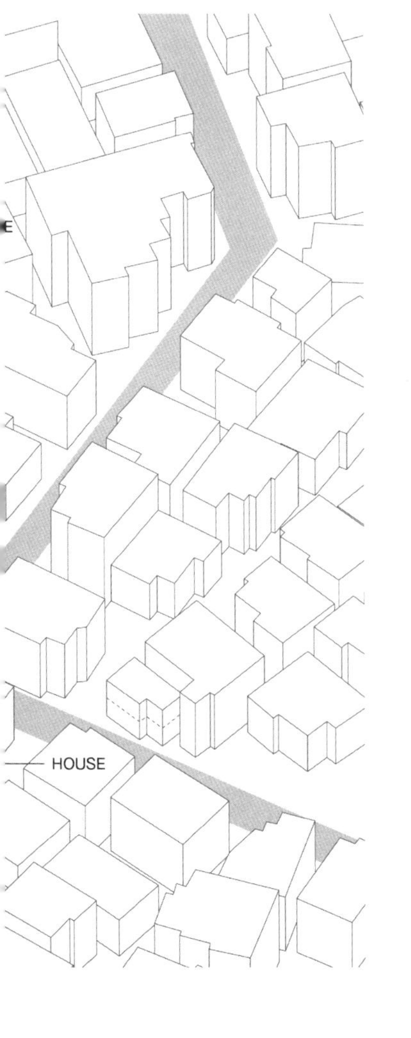
HOUSE

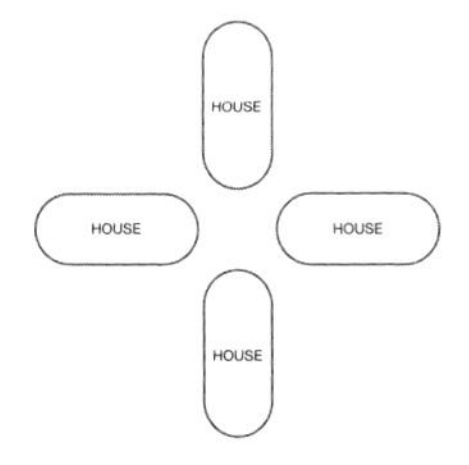
HOUSE
HOUSE
HOUSE
HOUSE

중간주거
Neutral House

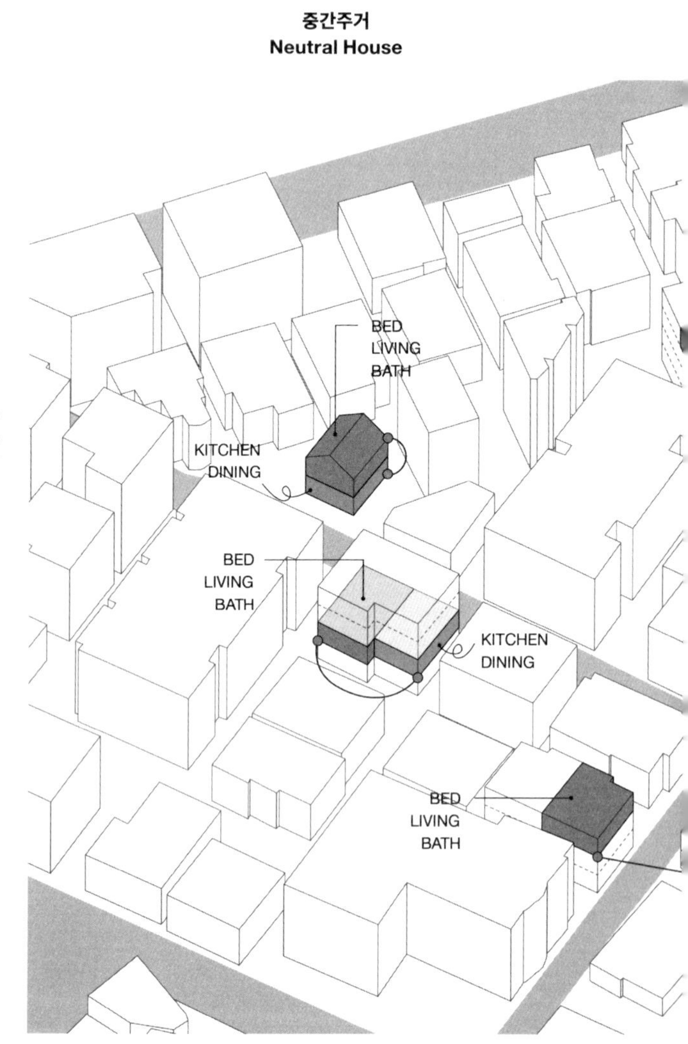

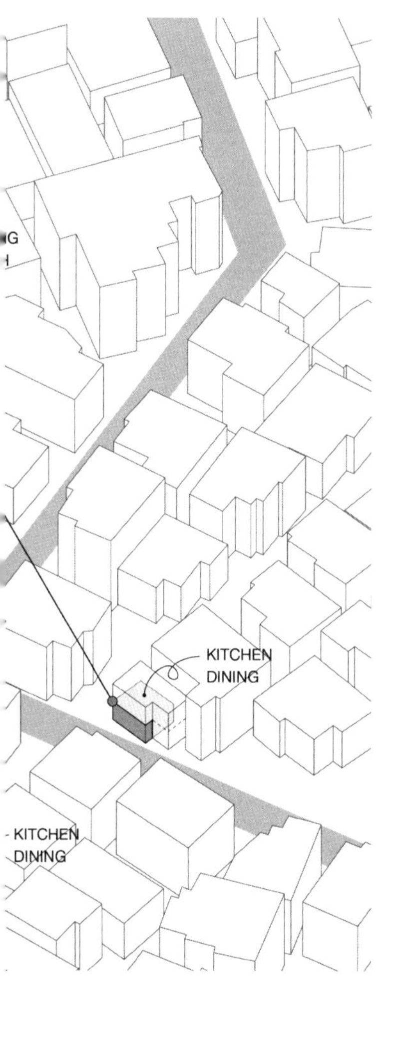
KITCHEN
DINING
KITCHEN
DINING

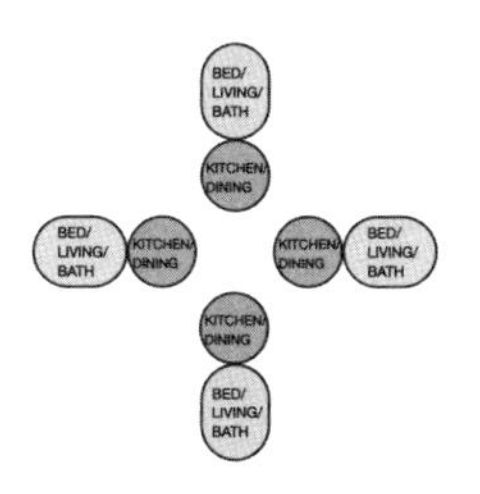
BED/
LIVING/
BATH
KITCHEN/
DINING
BED/
LIVING/
BATH
KITCHEN/
DINING
KITCHEN/
DINING
BED/
LIVING/
BATH
KITCHEN/
DINING
BED/
LIVING/
BATH

중간주거
Metaphase House

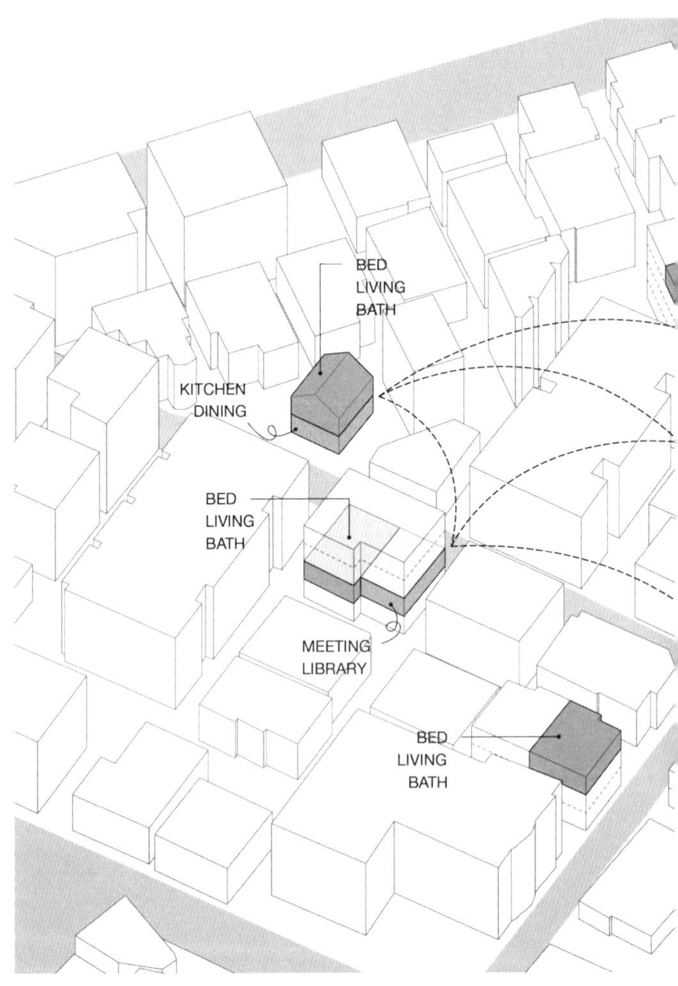

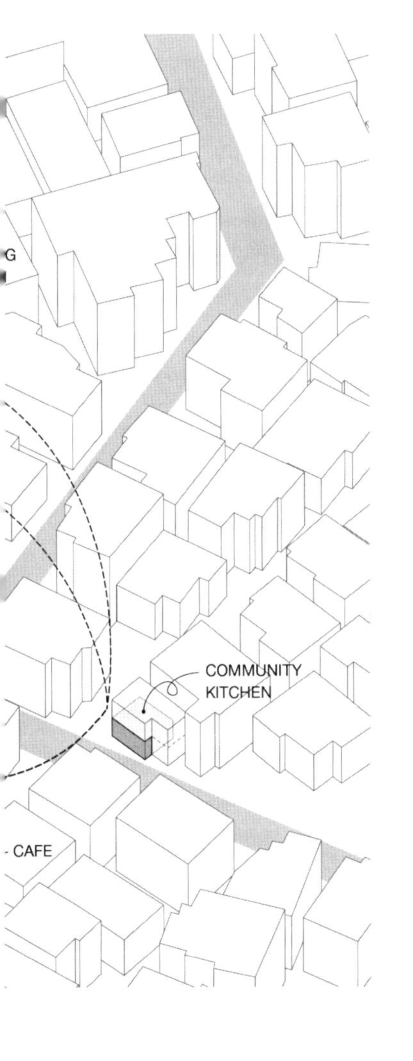
G
COMMUNITY
KITCHEN
CAFE

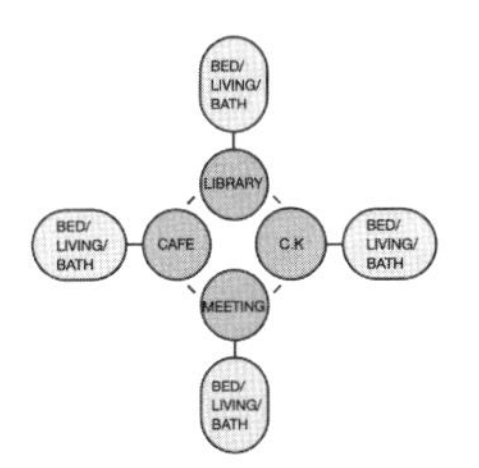
BED/
LIVING/
BATH
LIBRARY
BED/
LIVING/
BATH
CAFE
C.K
BED/
LIVING/
BATH
MEETING
BED/
LIVING/
BATH

점유감각, 주거의 가벼움에 대하여 – 풍년빌라

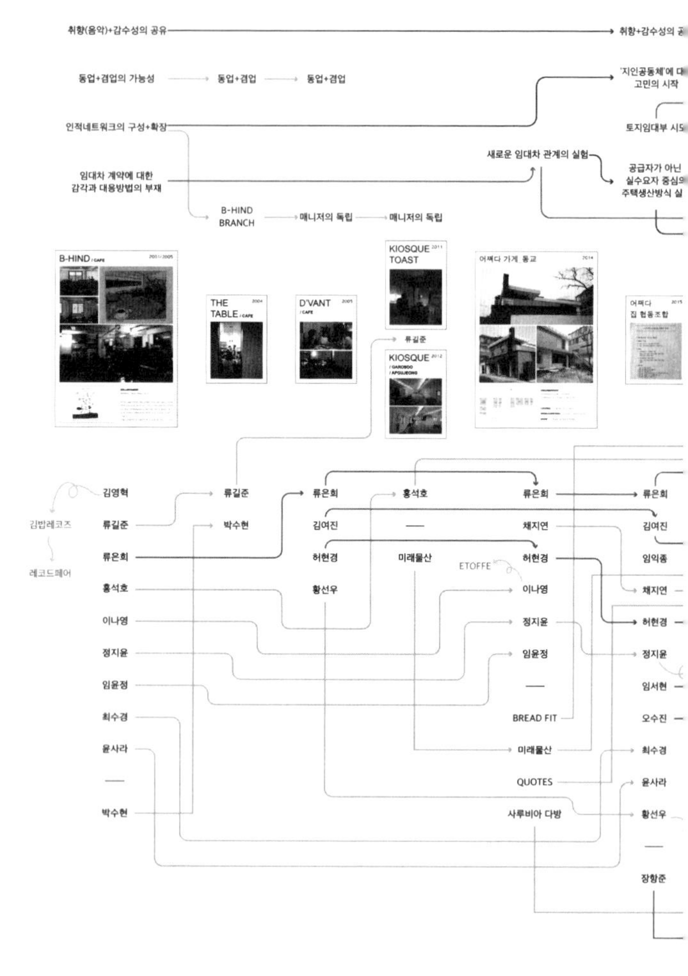

전시 구성: 임태병 / 전시 디자인: 김다솜 / 자료 제공: 서울소셜스탠다드 / 고마운 분: 풍년빌라 식구들, 착착스튜디오

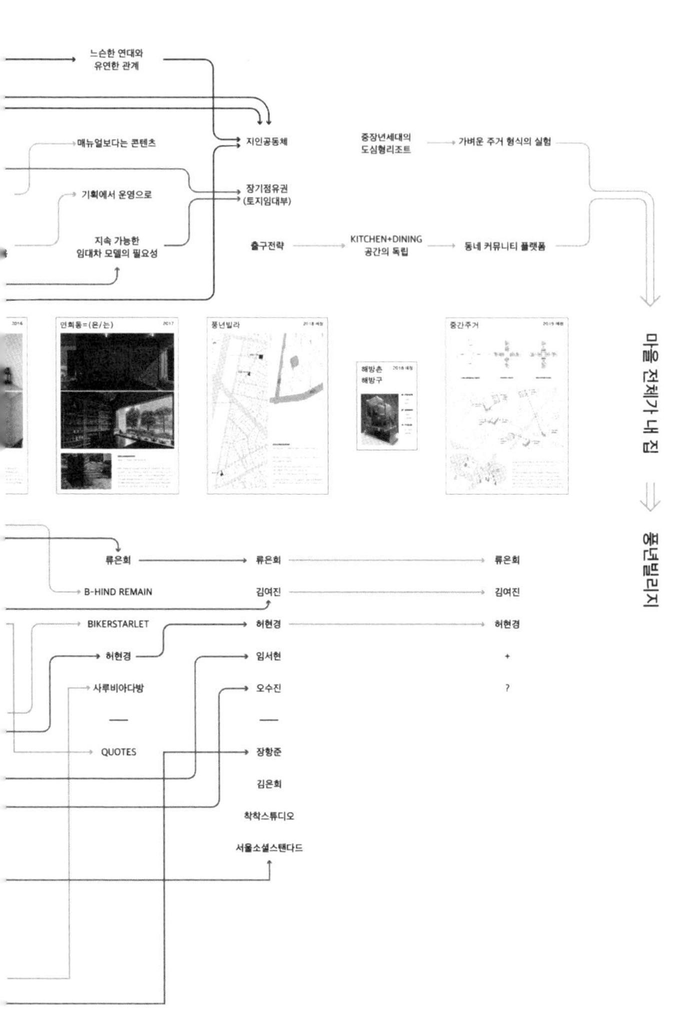
느슨한 연대와
유연한 관계
매뉴얼보다는 콘텐츠
지인공동체
중장년세대의
도심형리조트
가벼운 주거 형식의 실험
기획에서 운영으로
장기점유권
(토지임대부)
지속 가능한
임대차 모델의 필요성
출구전략
KITCHEN+DINING
공간의 독립
동네 커뮤니티 플랫폼
연희동=(은/는)
풍년빌라
해방촌
해방구
중간주거
마을 전체가 내 집
풍년빌리지
류은희
B-HIND REMAIN
BIKERSTARLET
허현경
사루비아다방
QUOTES
류은희
김여진
허현경
임서현
오수진
장항준
김은희
착착스튜디오
서울소셜스탠다드
류은희
김여진
허현경
+
?

이중성의 공존, 개인주의적 열림주의 – 네 조각 집

조병수

개인성의 완성, 공공성의 완성

도시, 건축에서 공공성은 1825년 로버트 오언(Robert Owen, 1771–1858)의 뉴하모니 프로젝트[1] 이래 계속된 논의에도 불구하고, 급변하는 시대 흐름을 반영하지 못하고 지속 가능한 방안이 제시되지 못했다. 이러한 실패는 근대화 이후 제시되어온 방안들이 개인성을 중요시하는 구성원들에게 오직 공공영역의 완성만 제공해주었기 때문이다. 앞으로 더욱 소단위화 되어갈 사회 속에서 우리는 다른 대안을 제시해야 한다. 사회의 변화를 무시하거나 거부하지 않고 그 흐름 속에서 가능한 방안이어야 지속 가능한 공공성의 완성을 기대할 수 있다. 이에 개인성의 완성을 통한 공공의 열림, 즉 공공성의 완성형 방안을 제시하고자 한다.

소단위 사회 속의 극심한 개인주의로 인한 고독과 소외의 문제, 도시의 침체는 잘 만들어진 공공영역의 제시만으로는 해결되지 않는다. 개인성을 무시하고는 문제를 해결할 수 없다. 그것은 사회 변화에 대한 고민과 해결이 아닌 단순한 거부와 거절일 뿐이다. 이와 반대로 개인의 영역이 완벽히 형성된 소단위 사회에서는, 얹힐 수 있는 구조만 있다면 공공성이 지속 가능한

1 영국의 사회주의 사상가 로버트 오언이 1826년 미국 인디애나주 뉴하머니에 실험한 이상적인 공동체로, 사적 소유, 비합리적 종교, 혼인제도로부터의 독립을 내걸었지만 2년 만에 실패로 끝났다. (편집자 주)

형태로 완성될 수 있을 것이다.

도시 재생 – 재활용이 아니라 재탄생

현대 한국의 도시는 하나의 거대하고 조밀한 맥을 형성하고 있다. 작고 네모난 집들이 도시를 빼곡히 메우고 있지만, 물리적 조밀성에도 불구하고 그 속은 점차 비어가고 있다. 인구 감소로 인해 단순히 빈집이 늘어나는 것뿐만 아니라, 공공성의 소실로 인해 공공활동 장소가 비어 가고 있다. 공공장소가 열약해서도, 아름답지 못해서도 아니다. 도시 재생의 방식이 공공성만을 완성하려는 목적이었기에 때문이다. 개인성을 완성하는 도시 재생, 이것이 앞으로 도시의 공공성을 살려내는 방식일 것이다. 기존 공공장소를 재활용하는 것이 아니라 기존의 개인 장소를 재탄생시킴으로써 완벽한 개인성이 보장되는 도시 재생 방법을 제안하고자 한다.

부산 망미동 – 낙후된 건물, 완벽한 개인성을 위한 공간

부산 F1963[2]은 기존 공장이 폐쇄된 이후 쇠퇴한 망미동의 커다란 부지를 문화 거점으로 변모시켰다. 그 결과 도시의 큰 혈(血)이 풀리면서 새로운 활력이 생겼다. 하지만 이러한 제안에도 불구하고 망미동 주거시설과 골목은 낙후되어 주민들이 양질의 개인 공간을 점유할 수 없었다. 개인성의 불완벽함은 공공성의 불완벽함으로 이어졌다. 골목마다, 공터마다 찾는 사람이 줄었다. 이용할 주민이 없어진 것이 아니라, 거기서 공공성을 느낄 수 없기 때문이다. 이러한 문제의식은 주민들로부터 먼저 제기되었다.

2 고려제강이 1963년 부산 망미동에 처음 지은 공장을 리모델링하여 2016년에 문을 연 복합문화공간 (편집자 주)

공공장소는 존재하지만 여전히 주민들은 공공성을 갈망한다.

네 조각 집은 망미동의 낙후된 시설을 되살리는 작업이다. 개인 시설, 개인 공간의 재탄생은 절제되고 완벽한 개인성과 함께 완벽한 나눔의 공간을 거주자에게 보장한다. 새로운 부지 위가 아닌 기존 도시 조직의 작은 혈을 틔워주는, 재생이 아닌 재탄생 프로젝트다.

망미동 269-9번지에는 공장 직원이 사용하던 숙소 건물이 남아 있다. 투박한 이미지의 시멘트 블록 담장이 대지를 둘러싸고 있고, 내부에는 같은 형태의 1층짜리 건물 네 개 동이 있다. 건물 용도뿐만 아니라 미관도 쇠퇴해가는 망미동의 모습을 그대로 보여준다. 가벼운 양철 소재를 접어서 만드는 네 조각 집은 죽어 있는 각 건물 위에 하나하나 사뿐히 올라앉는다. 각각의 건물은 버려진 네 개의 고목(枯木)에서 새롭게 완성된 4개의 고목(古木)으로 재탄생한다.

관계, 관계 끊기, 공공공간, 개인 공간

네 조각 집은 작가들을 위한 공간으로 계획되었다. 작가가 거주하는 개인 공간과 도시와 연결되는 작업공간 그리고 주방, 회의실, 미팅룸, 창고 등의 공용공간으로 구성했다. 1층의 기존 건물 내부는 작가들을 위한 스튜디오로 제안한다. 다양한 분야의 작가들은 외부인에게 작업공간을 개방하는 조건으로 입주하게 된다. 그들의 작업은 도시 저층부에서 시민들에게 새로운 경험을 제공하고 공공성의 관계를 구축하게 될 것이다. 2층에 새로 얹은 공간은 작가들을 위한 거주 공간이다. 작가들은 완벽한 개인 공간과 개인성을 보장받게 된다. 네 개 거주공간의 가운데에는 마당이 생겨 그들 사이의 공공성을 형성한다. 머무르는 동안 그들의 삶의 공간에서 서로에게 힘과 흥이 되는 공용공간들을 공유하고, 완벽한 개인 공간에서 자신만의 개인성을 보장받게 된다.

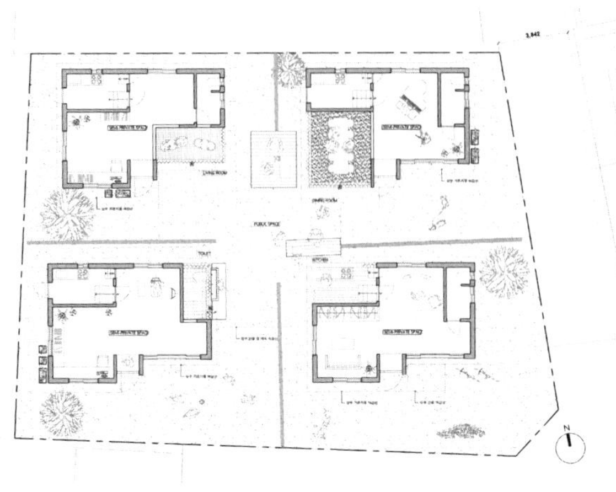

지상 1층 평면도

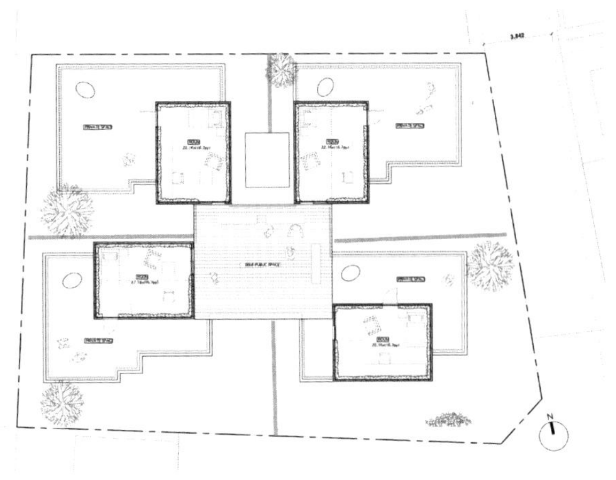

지상 2층 평면도

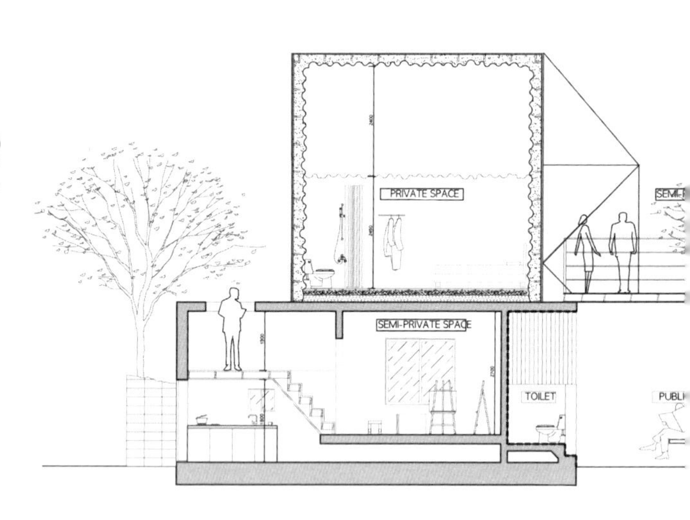

단면도

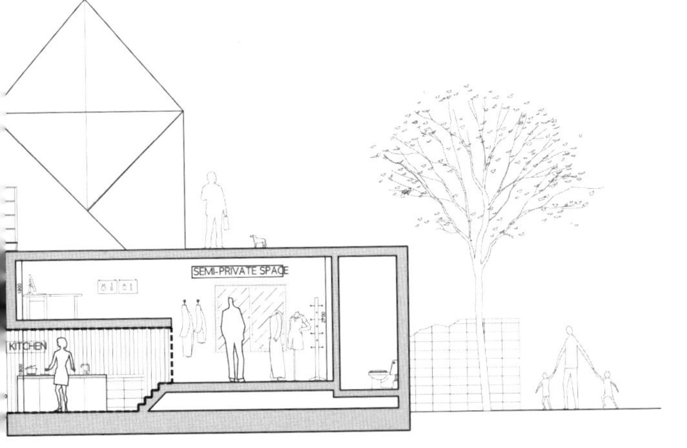
SEMI-PRIVATE SPACE
KITCHEN

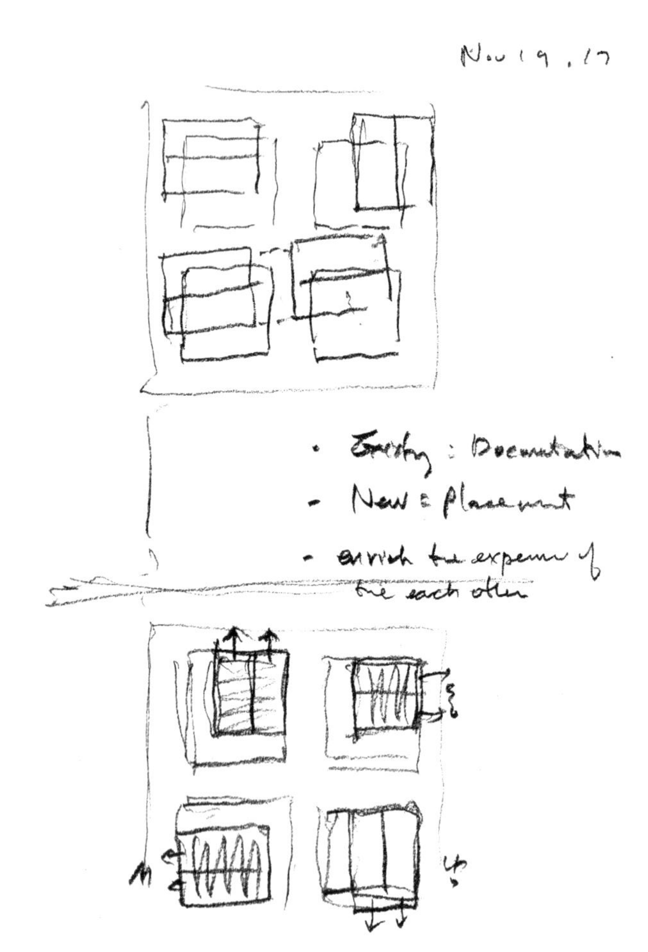
Nov 19, 17
• Existing : Documentation
- New : Placement
- enrich the experience of
the each other

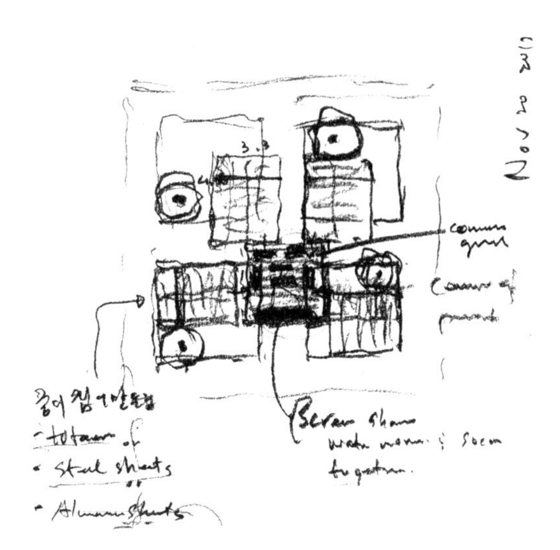
Steel sheets

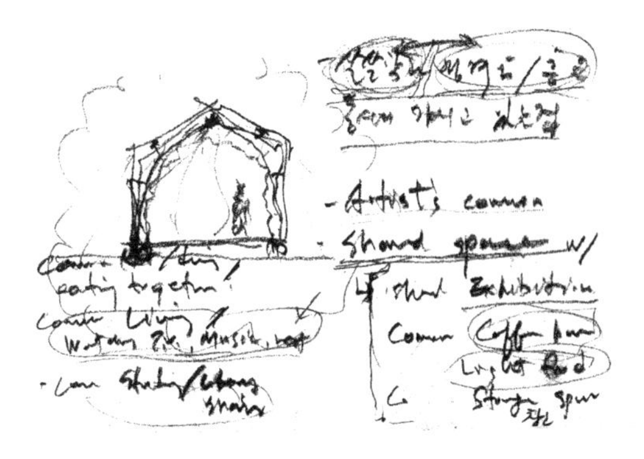
- Artist's common
- Shared space w/
Exhibition
Storage space

Living in Library – 우포 자연도서관

이치훈

'상상의 공동체'라는 베네딕트 앤더슨[1]의 용어처럼 공동체는 그 실체가 손에 잡히지 않는 대상이다. 전통적인 관계를 빠르게 해체해 온 수많은 현대적 삶의 조건 속에서 공동체는 단순히 주어진 것이 아니라, 아주 적극적으로 추구해야만 얻어지는 삶의 목표가 된 것인지도 모른다. 매 순간 손에서 놓지 못하고 살펴야 마음이 놓이는 SNS 공간처럼 공동체는 때로 가상의 세계에 어렴풋이 존재하는 불안한 연결고리 혹은 사회적 흔적 기관처럼 느껴진다.

공동체의 기본 단위였던 가족 관계의 해체는 대도시의 성장, 농촌의 후퇴와 함께 진행되었다. 국가가 산업사회를 향해 달리는 동안 농촌의 젊은이들은 대도시로 질주했고, 이는 곧 농촌 사회가 간직해온 전통적인 가족 관계의 해체를 불러왔다. 인구 절벽을 내다보는 한국에서 농촌의 사회·경제적 관계망의 해체는 이미 오랜 걱정거리다.

창고, 좀 더 정확하게는 '농산물 간이 유통창고'는 어쩌면 도시의 성장을 지탱하면서 스스로는 해체의 과정을 밟아온

1 코넬대학교 국제학과 명예교수. 그의 대표작인 『상상의 공동체』에서 그는 지난 3세기간 세계에 민족주의가 출현하게 된 요인들을 유물사관 혹은 마르크스주의 사관에서 접근하여 분석하였다. 여기서 '상상의 공동체(imagined community)'란 국민을 의미한다. (편집자 주, 위키백과 참조)

농촌 현실의 상징적 경관이 아닐까 생각한다. 이 창고들은 1986년 우루과이라운드로 대표되는 농업의 세계화 과정에서 농촌을 지원하는 국가정책의 일환으로 우후죽순 만들어졌다. 농산물이 세계 시장에 개방되면서 가격 경쟁에서 취약한 국내 농업의 유통구조를 농가 별로 개선하라는 취지였다. 임기응변식 국가정책으로 생겨난 창고들은 농산물 시장 개방에 대응하는 실질적인 대응책이기는커녕 불과 20-30년 만에 관리할 주체도 없이 방치되었고, 이미 해체가 깊숙이 진행된 농촌의 실태를 드러내는 상징적인 경관이 되어버렸다.

우포 자연도서관은 버려진 창고를 도서관과 게스트하우스로 바꾸는 프로젝트다. 전직 교사이자 환경운동가인 건축주와 시민사회, 범도서관계의 뜻이 모여 시작되었다. 그러나 무엇보다 프로젝트의 핵심 동력은 대지의 자연성을 회복하는 환경운동, 그리고 이와 결합된 도서관을 통해서 우포의 생태적 가치를 증폭시키고자 하는 한 실천적 활동가의 믿음일 것이다.

도서관이 들어서고 있는 우포는 1998년 람사르 등록 습지[2]로 국내 최대의 내륙 자연 늪지이자 국립습지센터가 위치하고 있는 중요한 장소다. 건축주는 퇴직 후 삶을 던져 우포가 람사르 협약에 등재되는 데에 헌신적으로 기여했고, 이후 생태교육을 포함하는 도서관 운동을 지속적으로 이어오고 있다. 그의 삶에서 도서관은 단순히 책을 모아 두는 지식의 저장고라기보다 생태교육을 중심으로 아이들이 모이고, 우포의 생태 자원을 기록, 보존하여 연구자들이 모이게 하는 거점이다. '포스트 람사르'를 위한 생태적 삶의 실천적 공간이랄까, 이 개조된 창고를 통해 해체된 농촌의 공동체를 대안적 형태로 다시 소집할 수 있다는 가능성을 발견하게 하는 곳이다.

2 람사르 협약. 1971년 이란의 람사르에서 채택되어 1975년에 발효된 람사르 협약은 국경을 초월해 이동하는 물새를 국제자원으로 규정하여 가입국의 습지를 보전하는 정책을 이행할 것을 의무화하고 있다.

우포 자연도서관은 밤의 도서관이다. 우포 습지에서 살아있는 현장을 체험학습하고, 이를 도서관에서 다시 확인해본다. 2층은 책을 들고 올라가 누워서 독서하거나, 책을 읽다 잠들 수도 있는 공간이다. 고대 그리스 학자들이 도서관에서 숙식하면서 연구활동을 했던 것처럼 습지와 철새를 공부하고자 하는 연구자들에게는 오랜 시간을 머물 수 있는 공간이기도 하다. 무엇보다 전국의 도서관 네트워크를 기반으로 한 생태교육의 거점 역할을 하게 될 것이다. 이 점이 공간을 기획하는 과정에서 우포 자연도서관의 가장 큰 가능성으로 예상했던 지점이다. 최근 공교육 분야에서 지역 도서관의 역할이 커지고 있다. 예컨대 우포 습지는 매우 탁월한 현장학습의 장이다. 이 때문에 전국 단위의 도서관 시민단체인 '도서관친구들'[3]의 우포 지부가 설립되어 있기도 하다. '거주할 수 있는 도서관'의 유형은 이렇게 다양한 형태의 방문자를 불러들이며, 생태적 삶을 매개로 한 임시 공동체를 위한 공간이 된다. 아직 완성되기 전이지만 우포 자연도서관의 다양한 가능성을 꿈꾸며 실험하고 있다.

3 한국도서관친구들은 주민들이 도서관의 운영과 활동을 돕기 위해 만든 자발적인 모임이다. 미국의 5000여 개가 있고, 영국, 호주, 캐나다, 일본 등 여러 나라에 조직되어 활동하고 있다.

누가 우포자연도서관을 함께 만드는가?

분야	참여자	역할	단계	
환경운동가	이인식	생태교육	운영	창녕군의 자연도서관
사서	–	도서관 운영		
경남 사회적 기업 지원센터	김용기	게스트하우스 운영/ 브랜드 컨설팅	건립	
도서관계	이용훈(현 서울도서관장) 여희숙(도서관 친구들 대표) 기옥숙(우포 자연도서관 친구들 대표) 안찬수(책읽는 사회 문화재단) 오지은(광진도서관 관장)	도서관 건립 지원 건립 후 운영 지원 우포방문 프로그램 조직		
건축가	강예린, 이치훈(SOA)	도서관 건축 설계		
브랜드 디자이너	박찬미	B.I. 디자인, 상품개발		
도서관 건립 실무진	정현정	건립 준비 실무		
생태동화작가	권오준	도서관 콘텐츠 지원	활용	
우포 전문 사진가	정봉채	도서관 콘텐츠 지원		
마을공동체	마을기업 우포 감동공간	도서관 건립 지원		

자연과 도서관, 도서관과 게스트하우스

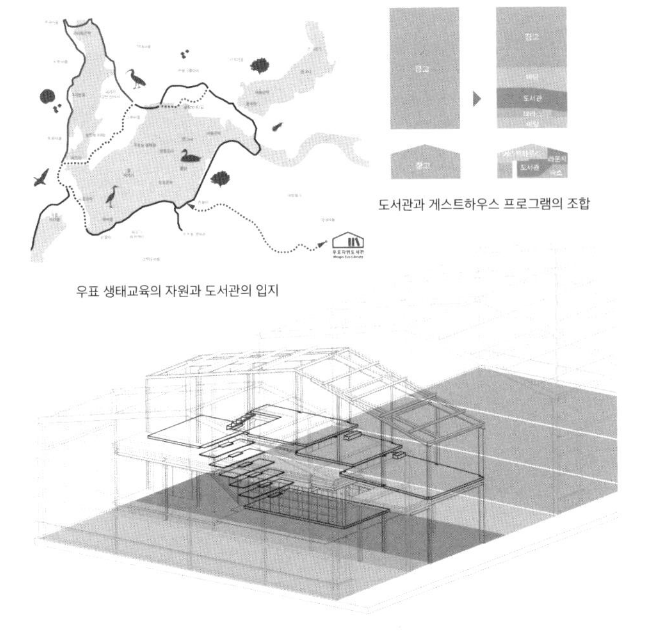

도서관과 게스트하우스 프로그램의 조합

우표 생태교육의 자원과 도서관의 입지

집 속의 집, 디자인의 과정

2012.1.6

2012.4.20

2012.6.6

2012.7.31

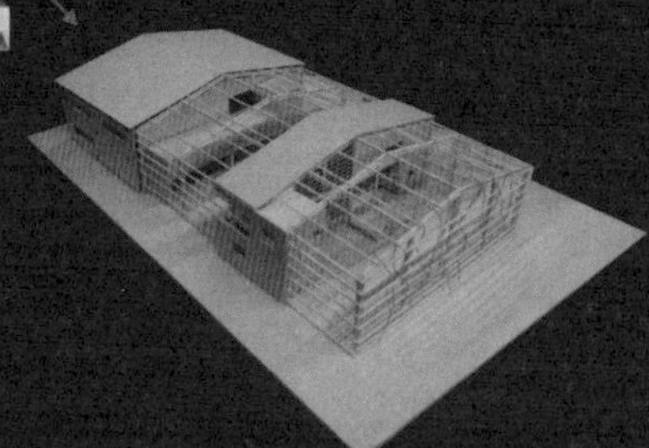

2012..8.1 창고 구조모듈을 활용하는 방향의 최종 계획안

초기 창고를 도서관으로 전용하는 아이디어는 '집 속의 집' 이라는 생각에서 출발하였다. 적정 규모(70여 평)를 산정하고 이를 넓은 창고 내부에 나누어 배치하여 비워진 공간과 채워진 공간으로 창고 전체를 활용할 계획이었다. 그러나 도서관이 갖추어야할 단열 및 소방 법규와 용도를 도서관으로 변경하는 면적에 대한 명확한 경계가 필요하여 점차 창고의 기존 골조 모듈의 일부를 도서관으로 전용하는 유형으로 계획안은 변화하게 된다.

업사이클링 – 농촌지역 경관의 재구축

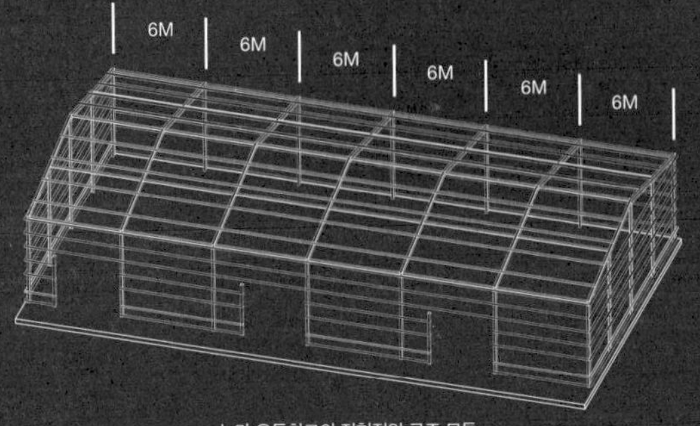

농가 유통창고의 전형적인 구조 모듈

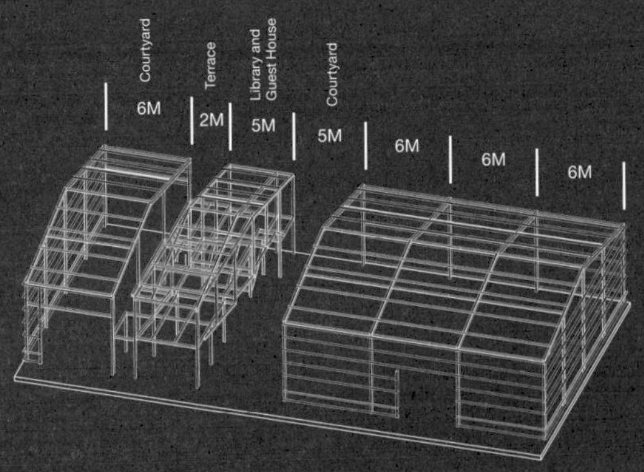

구조 모듈의 삭제와 변형을 통한 경관의 재구성

농가 유통창고는 대개 6–9미터의 골조모듈과 20여미터의 스팬으로 철골조나 경량철골, 조립식 패널 마감으로 이루어져있다. 대개 농가보다 상대적으로 규모가 크면서 농촌지역의 경관을 지배한다. 이에 골조의 모듈을 일부 덜어내고 다시 채워넣으면서 창고 원래의 크기를 분절하고 앞뒤로 열어주면서 시각적으로 개방적이도록 하였다. 본 프로젝트의 기본적인 태도는 창고의 구조 모듈을 경관을 다루는 기본 단위로 전용하면서 농촌 지역의 천편일률적인 경관에 작은 변화를 일으키며 개입하는 것이다.

도서관(1F) + 게스트 하우스(2F) 영역
1 × (6m × 18m)
0.5 × (6m × 18m)

창고의 장방향의 1/6 모듈만큼을 도서관과 게스트하우스 영역으로 정하고 1층에 관리자 숙소 및 도서관, 2층에 게스트하우스를 배치한다.

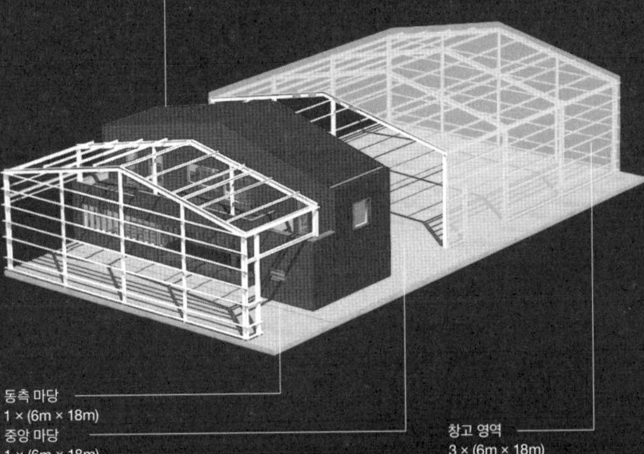

동측 마당
1 × (6m × 18m)
중앙 마당
1 × (6m × 18m)

중앙 마당은 창고와 도서관 사이로 비워두어 조립식 패널에 의해 막혀있던 시야를 개방해주고 농가의 풍경이 앞뒤로 드나들 수 있게 비워진다.

창고 영역
3 × (6m × 18m)

도서관 건립 후 2차 서고 확장이나 게스트룸의 확장을 고려해 기존 창고의 조립식 패널 마감을 걷어내지 않고 철골을 보존, 창고의 기능을 유지한다.

1층 도서관의 내부, 계단을 통해 2층 게스트하우스로 연결되고, 서가는 슬라이딩으로 처리해 공간의 확장을 고려하였다.

2층 게스트하우스의 내부, 1층의 도서관과 계단으로 자연스럽게 연결되고, 우포를 방문하는 아이들이 최대 20여 명 단체로 숙박할 수 있는 공간으로 구성되었다.

空間에서 共間으로 – 공공일호, (구)샘터사옥 리노베이션

조재원

1979년 건축가 김수근의 설계로 완공된 샘터사옥은 한 회사의 사옥임에도 사유지인 건물 1층에 길을 내어 공공 통로를 두고 지하와 저층부에는 대학로 문화와 함께 호흡하는 프로그램들을 유지해왔다는 점에서 건축적·도시적 가치가 크다. 샘터사옥은 올해 새 소유주 공공그라운드를 만났다. 공공그라운드는 건축사적으로, 도시사적으로 의미 있는 오래된 건축물의 상징적 가치를 사회적 자산으로 본다. 한편으로는 지키고 다른 한편으로는 활용함으로써 미래를 위한 사회적 가치를 생산하는 사용자들의 열린 플랫폼으로 개발하는 일을 꿈꾼다. 공일스튜디오가 건축가로 참여한 샘터사옥 리노베이션은 이런 아젠다를 실행에 옮기는 첫 프로젝트(공공일호)로서 의미가 크다. 그래서 공일스튜디오와 공공그라운드는 함께 샘터사옥의 리노베이션 과정을 기록하기로 했다. 이를 통해 이곳에 생겨날 새로운 생태계가 이전의 역사와 전환의 과정을 기억하고 새로운 문화의 바탕으로 삼기를 희망한다.

40년 가까운 시간 동안 벽돌과 담쟁이를 두른 외관은 예나 지금이나 크게 달라진 것이 없어 보이지만, 건물은 내적·외적 동인에 대응하며 시간을 제 몸에 새겨왔다. 마치 암호처럼 새겨진 그 시간을 풀기 위한 첫 단계는 샘터사로부터 건물의 원도면 등 건물과 관련된 지난 기록들을 전달받고, 건물이 거쳐온 여러 변화 속에서 지켜온 것에 대한 이야기를 듣는 일이었다. 공간이 작성했던 건물의 신축 원도와 이로재가 계획했던 2012년도 증축 도면과 자료, 그리고 그 사이에 있었던 많은 변경 자료를 읽었다. 그 일은 지금 건물의 거친 단면들을 '원래 그렇다'는 설명 대신 이야기로 촘촘하게 잇는 일이었다.

공간 전환의 다른 한 축은 새로운 입주자의 구성이다. 거꾸로캠퍼스는 학생이 주도하는 미래의 교실을 실험하는 학교다. 씨프로그램 러닝랩은 혁신 교육을 주제로 하는 아카이브이자 연구실이다. 메디아티는 미디어 스타트업 엑셀러레이터[1]다. 입주자들과 공간에 대한 상상을 나누고 기획하는 과정은 여타 임대 사무실을 계획하는 일과는 사뭇 다른 것이었다. 플랫폼으로의 전환이란 공간 사용자의 정의를 상주 입주사에서 그치지 않고 그들의 가치와 정보를 공유하는 다양한 개인과 그룹까지 포괄하는 것을 의미한다. 지하 파랑새소극장 자리에 들어서는 영상 촬영과 송출이 가능한 콘텐츠 팩토리나 6층 팟캐스트 스튜디오는 공공일호라는 플랫폼이 협업의 기반시설일뿐 아니라 미디어가 될 가능성을 열어 준다. '교육'과 '미디어'를 주제로 다양한 이들이 서로 이곳에서 정보와 노동과 아이디어를 나누고, 교환하고, 협업하며 새로운 콘텐츠를 생산하게 될 것이다.

1979년 신축 계획

건축가 김수근의 샘터사옥 계획은 비슷한 시기에 완공한 대학로 문예회관과 함께 현재 대학로를 이루는 붉은 벽돌 건축의 효시가

1 스타트업 회사를 성장시키는데 도움을 주는 회사로 유년기의 스타트업이 다음 단계로 성장할 수 있게 지원한다. 2016년 5월 중소기업창업지원법 개정안에서 엑셀러레이터(창업기획자)를 '초기창업자 등의 선발 및 투자, 전문보육을 주된 업무로 하는 자'로 정의한다. 국내에는 프라이머, 스파크랩, 쿨리지코너인베시트먼트, 매쉬업엔젤스, 퓨처플레이, 패스트트랙아시아 등이 있다. (편집자 주)

되었다. 1층에 필로티를 두어 길을 내는 방식으로 샘터사옥에 심은 공공성은 긴 세월이 지나도 샘터사옥이 도시와 함께 호흡하게 하는 중요한 요소다. 외부계단 진입 등 다양한 입구와 수직 통로로 복합 용도를 가능하게 했다든지, 엘리베이터 샤프트를 미리 계획해 둔 덕분에 33년 후에 실제로 엘리베이터가 설치된 점은 그가 얼마나 긴 시간을 두고 샘터사옥을 계획했는지 짐작하게 한다.

2012년 증축 계획

증축 계획은 1990년부터 2002년까지 샘터사옥 4층을 임대해 썼던 승효상의 이로재가 맡았다. 기록을 살펴보면 2012년 증축뿐 아니라, 1990년대부터 최근까지 건축물의 원형 보전, 유지, 관리에 대한 모든 크고 작은 의사결정에 이로재가 자문하고 계획해왔다는 사실을 알 수 있다. 이런 지속적이고 전문적인, 그리고 가치를 공유하는 건축가의 개입이 있었기 때문에 샘터사옥이 수많은 외적 변화 속에서도 건축 문화의 향기를 잃지 않을 수 있었다. 2012년 계획의 특징은 증축부에 기존 벽돌과 차별화된 유리와 철골을 적용한 점이다.

2017년 공공일호 계획

한 회사의 사옥이었던 건물이 다양한 사용자들의 플랫폼으로 진화하는 이번 계획은 장소의 긴 서사가 맞는 새로운 챕터라고 할 수 있다. 다양한 진입 동선을 통해 독립적인 아이덴티티를 가진 복수의 공간이 하나의 지붕 아래 묶일 수 있는 것은 샘터사옥 본래의 특별한 구조다. 이를 플랫폼 공간으로 구축하는 데 적극적으로 활용했다. 건물이 역사적으로 유지해 온 공공적인 개방성을 유지하는 것을 기본으로 하고, 상대적으로 폐쇄적이었던 두 계단실의 내벽을 허물어 공간을 투명하게 만들었다. 이는 플랫폼 공간으로의 전환에 중요한 시작점이었다. 3–4층 입주자들이 운영하는 공간이 어떤 교실, 어떤 라이브러리, 어떤 공유오피스인가에 대한 유형을 찾지 않고, 각 사용 주체의 공간에 대한 요구사항을 묻고 답하는 과정을 통해 계획해나갔다. 지하 미디어 소극장, 5층 오픈 라운지, 6층 팟캐스트 스튜디오 등은 공유의 폭을 확장하여 도시 차원의 공유공간이 되었다.

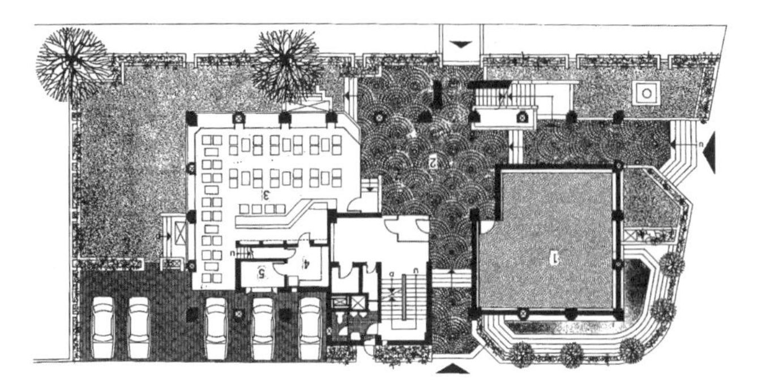

1979년 신축 – 지상 1층 평면도

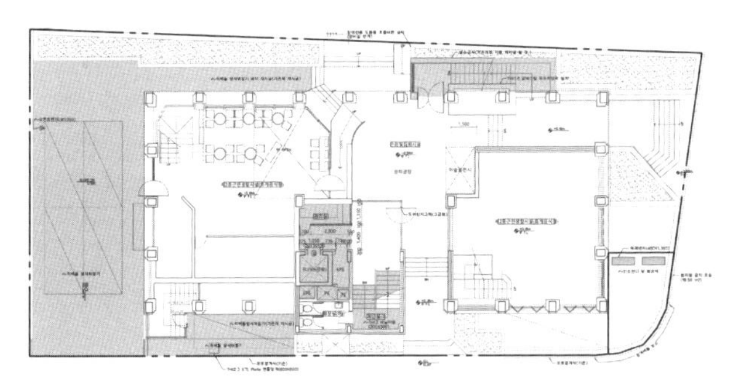

2012년 증축 – 지상 1층 평면도

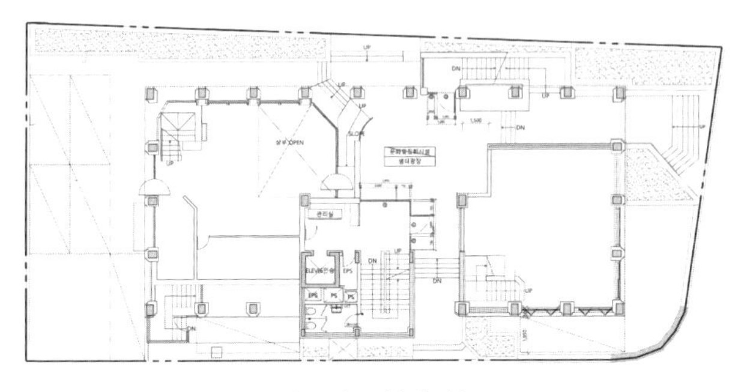

2017년 공공일호 – 지상 1층 평면도

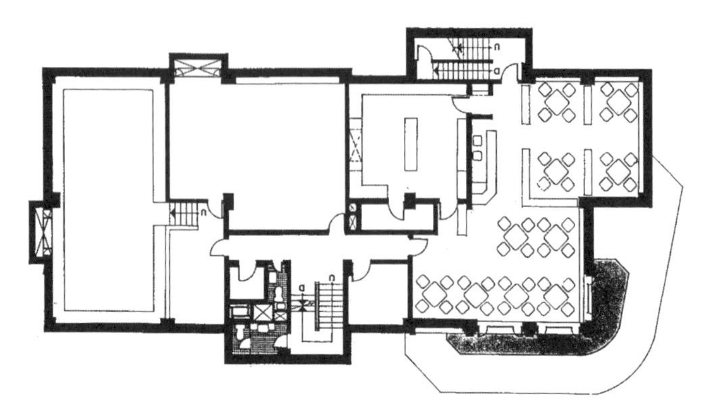

1979년 신축 – 지하 1층 평면도

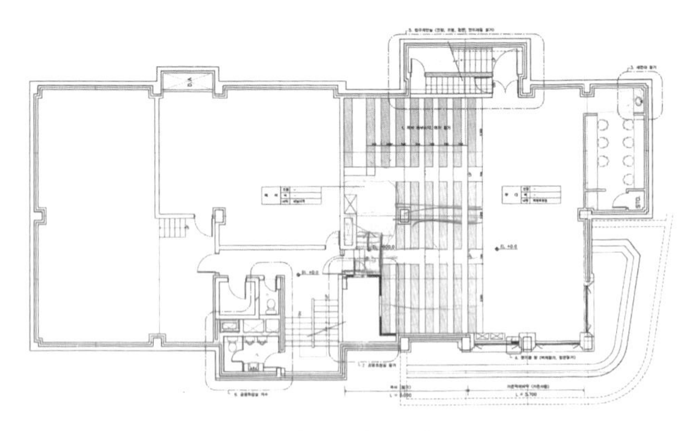

2012년 증축 – 지하 1층 평면도(기존)

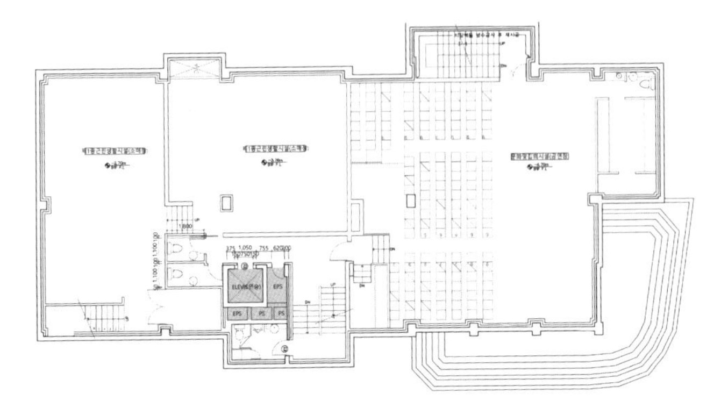

2012년 증축 – 지하 1층 평면도(변경 후)

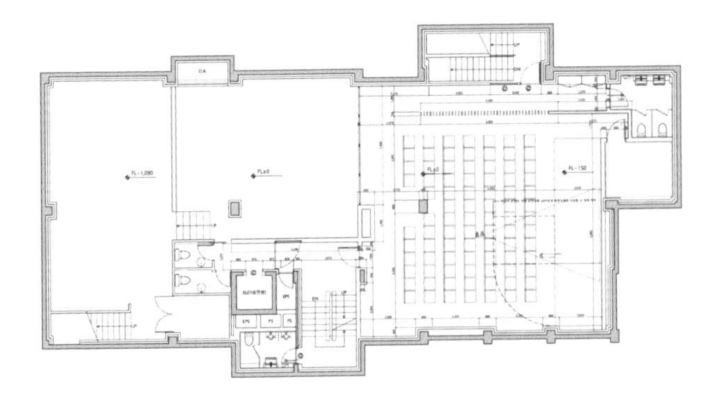

2017년 공공일호 – 지하 1층 평면도

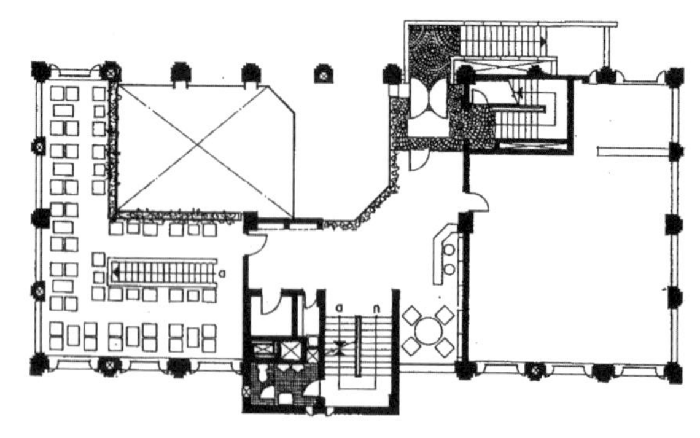

1979년 신축 – 지상 1층 중층 평면도

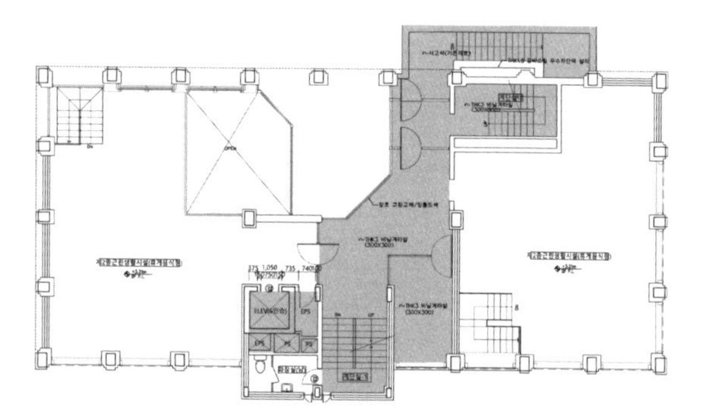

2012년 증축 – 지상 1층 중층 평면도

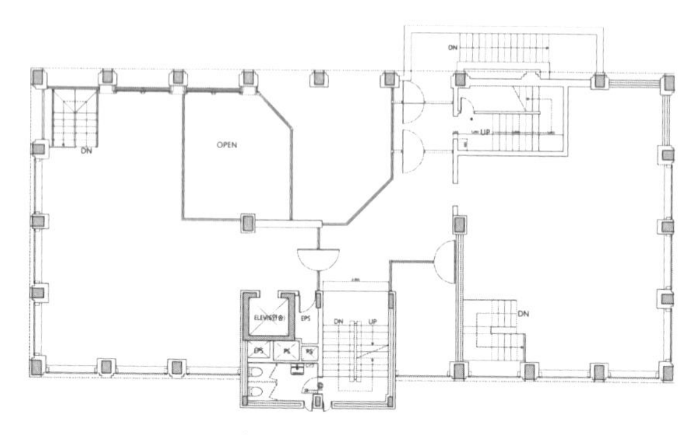

2017년 공공일호 – 지상 2층(기존 중층) 평면도

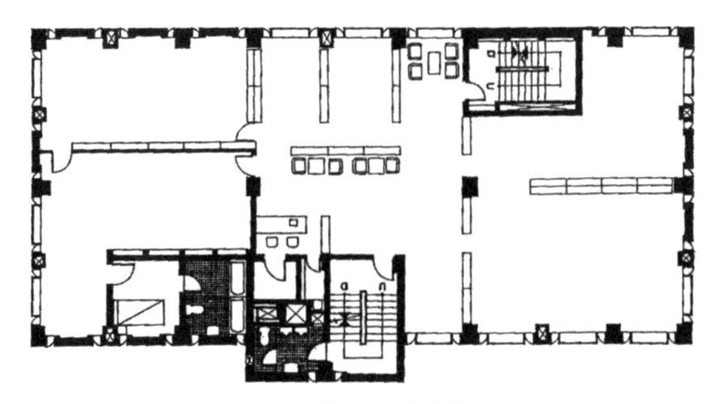

1979년 신축 – 지상 3층 평면도

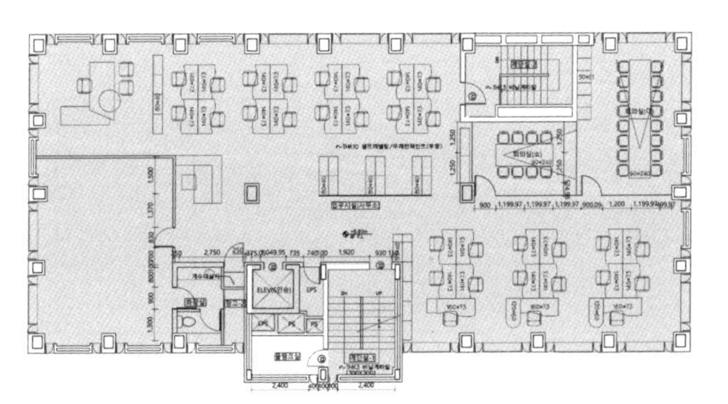

2012년 증축 – 지상 3층 평면도

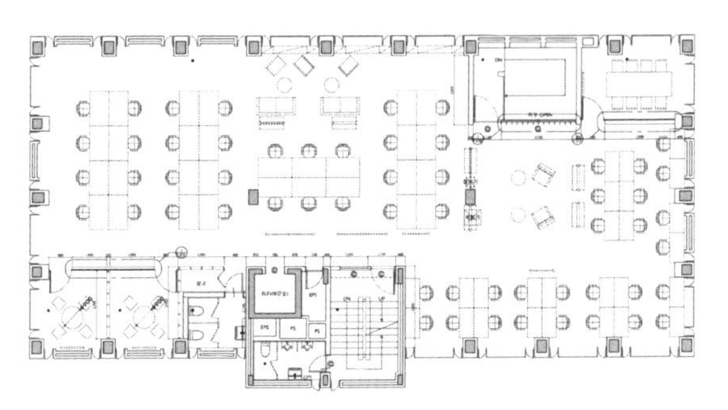

2017년 공공일호 – 지상 4층(기존 3층) 평면도

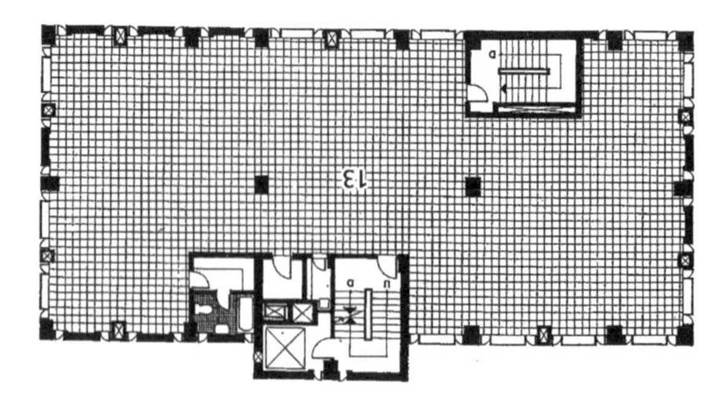

1979년 신축 – 지상 4층 평면도

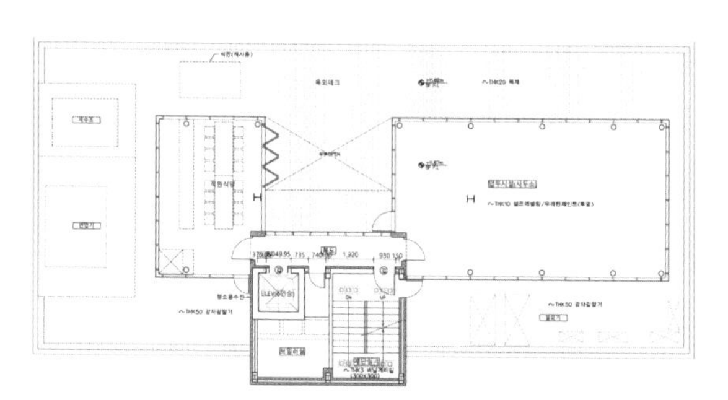

2012년 증축 – 지상 4층 평면도

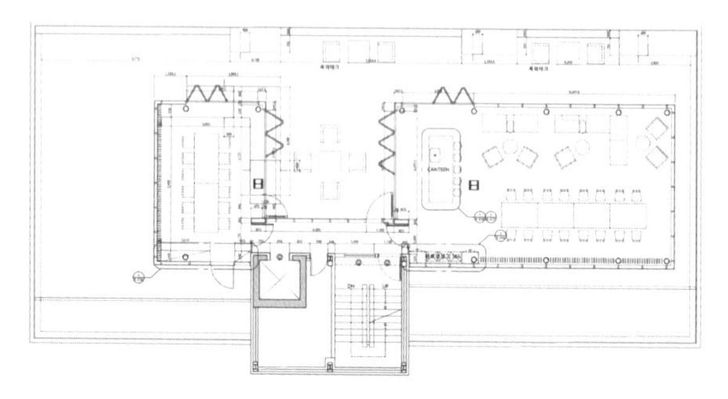

2017년 공공일호 – 지상 5층(기존 4층) 평면도

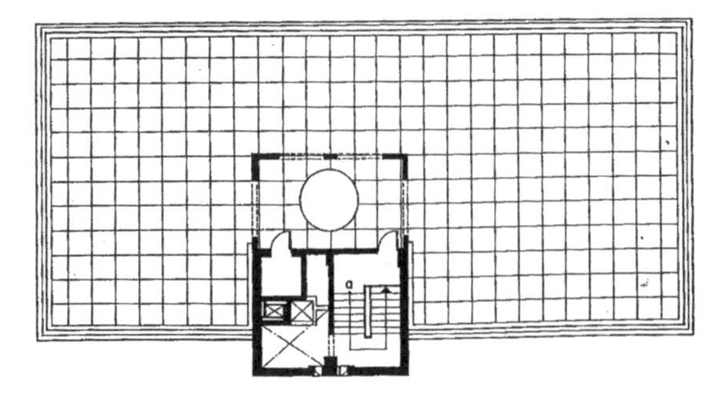

1979년 신축 – 옥탑층 평면도

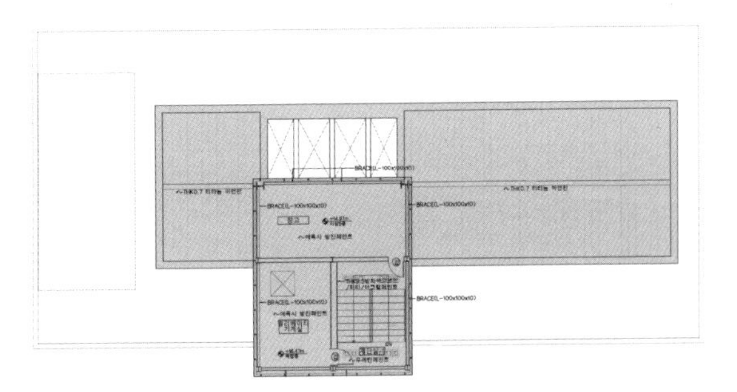

2012년 증축 – 지상 5층(기존 옥탑층) 평면도

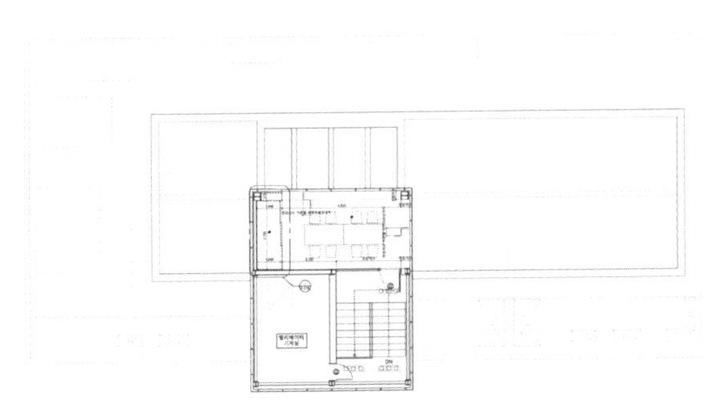

2017년 공공일호 – 지상 6층(기존 5층) 평면도

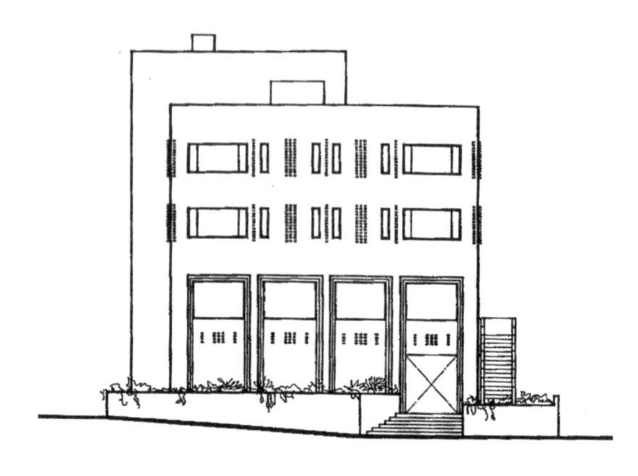

1979년 신축 – 북측 입면도

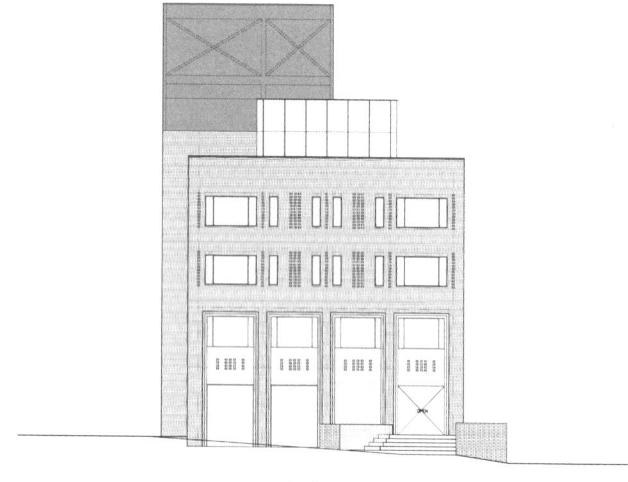

2012년 증축 – 북측 입면도

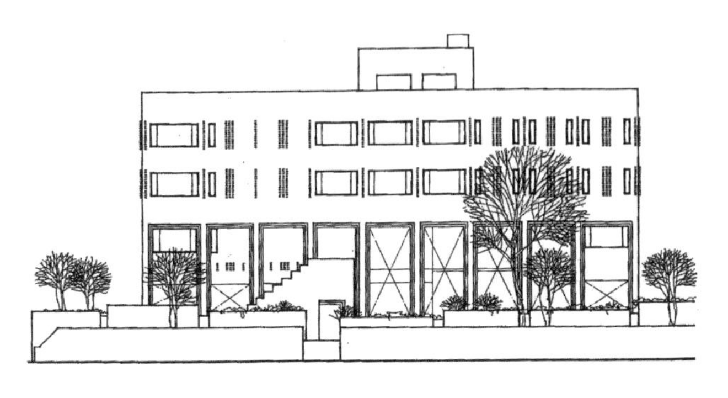

1979년 신축 – 서측 입면도

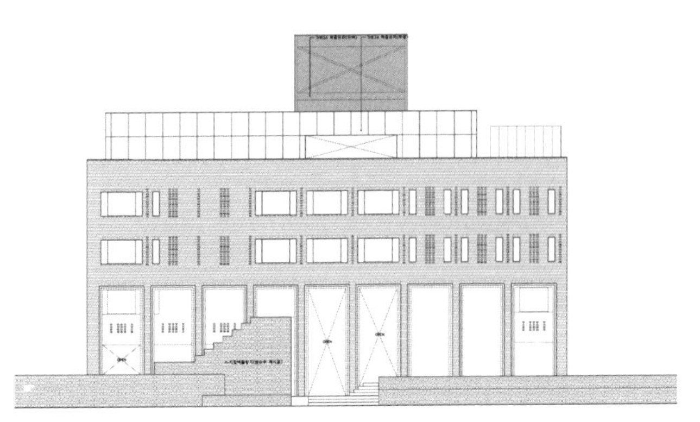

2012년 증축 – 서측 입면도

제현주, 공공그라운드 대표

공공그라운드는 어떤 회사인가?

공공그라운드는 임팩트 투자 방식으로 부동산에 투자하고 관리, 운영하는 회사다. 임팩트 투자라는 개념이 사람들에게 생소할 수도 있을 것 같다. 일반적인 투자가 재무적인 수익률만을 고려한 것이라고 하면, 임팩트 투자는 그와 함께 사회적 가치나 영향, 즉 임팩트를 함께 고려하는 투자를 의미한다. 공공그라운드는 해당 부동산이 일으키는 사회적 임팩트를 고려해서 투자하는 회사라고 할 수 있다.

공공그라운드가 추구하는 목표가 공공그라운드를 좀 더 잘 설명해 준다. 크게 세 가지 목표가 있다. 공간에는 항상 어떤 방식으로든 문화가 담기는데, 부동산 중에서도 조금 더 특별한 문화적 가치가 담겨있는, 혹은 담을 수 있는 곳에 투자해서 그 가치를 강화, 유지하는 것이 첫 번째 목표다. 두 번째는 더 나은 미래를 위한 혁신적인 활동에 이 부동산이 사용되도록 하는 것이다.

첫 번째, 두 번째 목표가 장기적으로 잘 지켜지려면 부동산의 소유 방식이 중요하다. 그 방식 자체가 사회에 직접 영향을 미친다고 생각한다. 그래서 장기적으로 일반 시민 또는 여러 주체가 적은 돈으로도 투자할 수 있는 소유 구조를 만들고, 그 결과 전체적인 사회적 가치들이 잘 유지될 수 있는 지배 구조를 갖추는 것이 세 번째 목표다.

어떤 점에 가치를 두고 샘터사옥을 매입했나?

어느 주말 신문을 보다가 샘터사옥이 매물로 나온 기사를 봤다. 사옥의 문화적 가치나 역사적 의미를 잘 이해하는 사람이 건물을 매입해줬으면 좋겠다는 소유주의 이야기와 함께, 한국 부동산 투자 환경 안에서 그런 금전적 가치 외의 차원을 고려할 투자자를

찾는다는 게 쉽지 않아서 난항을 겪고 있다는 내용이 실려 있었다. 그 기사를 보고 '우리에게 적절한 대상이 될 수 있겠다'는 생각을 했다. 나도 대학로의 담쟁이덩굴이 덮인 빨간 벽돌 건물들과 관련된 많은 기억을 가지고 있었기 때문에 샘터사옥이 원래의 모습과 문화적 의미를 잃어버리지 않았으면 좋겠다는 개인적인 바람도 있었다. 그런 관점에서 접촉을 시작했고 논의가 빠르게 진행됐다.

매입 과정에서도 내가 느낀 개인적 바람을 공유하는 분이 많음을 알게 됐다. 계약 체결 후에 언론에 보도됐을 때 많은 분이 다행이라는 반응을 보였다. '그 건물이 개축되거나 모양이 바뀌지 않게 돼서 다행이다', '대학 때 이런 추억이 있다', '고등학교를 그 부근에서 나왔는데 이런 기억이 있다' 등등의 이야기들도 페이스북에서 접했다. 그걸 보면서 우리가 좋은 건물을 매입했다는 것을 깨달았고, 뿌듯했다. 이 건물을 잘 활용해서 공공그라운드의 취지를 제대로 구현해야겠다는 책임감을 느꼈다.

입주자들을 '교육과 미디어'를 테마로 꾸린 배경은?

공공그라운드의 목표 중 하나가 문화적 가치가 있는 공간이 미래를 위한 혁신적 활동의 장소로 활용되는 것이다. 미래를 위한 혁신 활동이 필요한 분야는 여럿 있다. 미디어와 교육의 영역에서는 현재 방식들이 미래를 위한 적절한 답이 되지 못한다는 것을 모두 알면서도 뚜렷한 해결책을 찾지 못하고 있는 대표적인 영역이다.

그래서 공공그라운드가 첫 번째 매입한 공간에서 그 영역에 대한 탐구와 실험이 이루어지면 좋겠다고 생각했다. 샘터사옥이라는 건물이 가진 성격과도 잘 부합한다고 봤다. 서울대 물리대 도서관이 있던 자리이기도 하고, 전통적인 미디어인 잡지를 만들던 샘터출판사가 있던 곳이다. 그런 공간에서 미래를 위한 새로운 교육과 미디어를 실험한다면 재미있는 교차점이 되지 않을까 했다. 그렇게 오래된 건물에서 미래적 실험들이 벌어지는 것을 상상하면 흥분되었다.

박은숙, 샘터출판사 경영지원실 이사

2000년 7월에 샘터사옥 건물 관리를 맡게 되었다. 일부 훼손된 부분을 복원해야겠다고 생각하고 건물 자료를 찾아보니 샘터사가 가지고 있는 게 너무 없었다. 그래서 건물을 설계한 공간건축에 연락해서 자료를 받고, 샘터에 있던 정보를 취합해서 건물의 원형을 복원했다. 그러고 나니 이 공간을 어떻게 더 잘 활용하면 좋을지 고민이 시작됐다.

2004년에는 20년 된 파랑새극장을 완전히 개보수했다.

파랑새극장은 1984년에 문을 연 대학로 최초 민간 소극장이었다. 이로재가 마침 샘터 사옥 4층을 쓰고 있을 때여서 자문을 구할 수 있었다. 건물 복원 때도 이로재의 힘을 빌렸고, 개보수할 때도 이로재에 일을 의뢰했다. 개보수 공사에 앞서 지하 1층에 있던 책 창고를 파주 물류창고로 내보냈다. 지하 2층에 있던 전기실, 물탱크실, 공조시설 들을 다 옥상으로 올리고 지하 공간을 확보했다. 20년이 지난 목재로 마감된 1, 2층과 중층 천장을 뜯어내고, 갈바 철판 천장으로 바꾸고, 별자리 모양의 조명도 설치했다. 그렇게 새로 확보한 공간을 어떻게 쓸지 고민하다가 2007년에 지하 1층은 갤러리로, 지하 2층은 파랑새극장 2관으로 만들었다.

가장 큰 변화가 2012년에 있었는데,
그때 일은 어떻게 시작됐나?

건물이 오래돼서 옥상에서 누수되는 곳도 있었고, 엘리베이터도 필요하던 차였다. 김수근 선생이 만들어 둔 빈 엘리베이터실에 엘리베이터를 설치하고, 옥상 방수 공사를 하면서 증축까지 하게 됐다. 증축 설계를 맡은 승효상 선생은 'Old & New'라는 개념으로 밑에는 벽돌 건물, 위에는 유리 건물로 설계했다.

증축한 옥상의 전망이 매우 좋다.
사업 공간으로 삼을 계획은 없었나?

출판사의 사업 공간으로도 생각했었다. 저자와의 만남이나 독자들과의 만남뿐 아니라 시민들에게도 공간을 열고 싶었는데, 옥상이라 위험할 수도 있다며 반대하는 사람이 많았다. 그래서 일반에는 개방하지 못했지만, 독서 모임, 소통학교 등 시민과 소통하고 좋은 뜻을 가진 단체들에 무료로 내주었다.

외관 변경을 고려하지는 않았나?

외관 변경에 대한 시도도 당연히 있었고, 검토도 했었다. 하지만 창업자와 김수근 선생이 애정을 갖고 지은 건물이고, 그동안 샘터사의 뜻에 맞춰 유지관리를 이어왔기 때문에 변경하지 않고 유지하는 것이 더 좋겠다고 판단했다.

외부 계단은 최근까지 활발하게 쓰였다. 김재순 창업자는 엘리베이터를 놓기 전까지는 내부 계단은 대신 항상 외부 계단을 이용했다. 외부 계단은 이 건물의 상징이었다. 보통 그런 공간은 상업공간으로 만드는데, 이 건물은 외부 계단을 놓음으로써 시민들에게 건물을 개방한 것이다.

공공그라운드에 기대하는 것은?

공공그라운드를 만나기 전에 매우 많은 사람과 업체를 만났다. 대부분은 상업공간으로 쓸 생각만 가지고 있었고, 건물을 왜 유지해야 하는지에 대해 의문을 표했다. 그런데 제현주 대표를 만나고 나서 '샘터사옥을 유지할 회사는 공공그라운드이겠구나'하는 믿음이 생겼다.

임차해 들어올 업체들도 살펴보니 저마다 공공성을 가지고 있었다. 그런 점에서도 공공그라운드가 우리 취지를 잘 이해한다는 생각이 들어서 건물을 매도하게 됐다. 앞으로 공공그라운드에서 어떻게 쓰든지 샘터가 관리했을 때보다도 더 잘 활용할 것 같아서 안심된다.

엄윤미, C프로그램 대표

C프로그램은 어떤 회사인가?

C프로그램은 다음 세대의 건강한 성장을 목표로 하고, 놀이와 교육을 키워드로 하는 다양한 실험에 투자하는 회사다. C프로그램을 소개할 때, '벤처 필란트로피(venture philanthropy)' 라는 생소한 용어가 쓰이는데, 넓게 보면 임팩트 투자의 한 갈래로 재무 성과보다는 사회적 효익에 투자한다고 볼 수 있다.

공공일호에 러닝랩을 만든 이유는?

우리는 지난 2년 동안 배움의 실험에 투자해오면서 몇 가지 고민하는 지점이 있었다. 첫 번째 고민은 우리 생각보다 많은 사람이 새로운 실험과 시도를 하고 있는데, 대부분 소규모로 변방에서 이루어지다 보니 알기가 쉽지 않다는 점이다. 두 번째는 꾸준히 새로운 것을 시도하는 사람들은 전문가들로부터의 자극이 필요한데 그 만남이 생각보다 어렵다는 것이다. 그러다보니 모든 실험이나 시도를 전달하는 언어도 아직 어려운 게 아닐까 생각했다. 그런데 공공그라운드가 찾아와주어서 우리는 무척 반가웠고, 그간의 문제들을 풀 실마리가 될 거라고 기대했다.

러닝랩은 이곳을 찾을 잠재적 사용자들을 염두에 두고 공간을 계획한 것으로 안다. 어떤 일을 일어날 것으로 예상하나?

우선은 라이브러리 기능을 할 것이다. 교육 혁신에 관심이 있는 사람은 필요한 모든 자료를 찾아볼 수 있을 것이다. 일부 공간은 주제가 잘 드러나는 전시공간처럼 사용할 생각이다.

라이브러리 역할 외에 우리가 중요하게 생각하는 것은 만남과 작당이다. 가운데 큰 커뮤니티 테이블을 두어 많은 사람이 함께 쓰게 하려고 한다. 이 테이블에서 오간 대화들이 서로 연계가 될 것으로 기대한다. 테이블을 쓰는 조건은 거기서 일어나는

실험과 고민을 콘텐츠화해서 더 많은 사람에게 전달되도록 참여하는 것이다.

사용자 그룹은 다양하겠지만, 첫 번째는 교육자다. 학교 선생뿐만 아니라 학교 밖 다양한 공간에서 학생과 청소년을 만나는 사람들, 각자의 전문분야를 다음 세대와 나누고 싶다고 생각하는 사람들을 포괄하는, 넓은 의미의 교육자다.

이성원, 거꾸로캠퍼스 교사 대표

거꾸로캠퍼스는 어떤 학교인가?

거꾸로캠퍼스는 사단법인 미래교실네트워크에서 전국 교사들과 함께 뜻을 맞춰 만든 학교다. 무학년제를 지향하고, 학생 전원이 함께 기숙 생활을 한다. 학생들이 자발적인 소통과 협력으로 스스로 문제 해결 능력을 키우는 것이 학교의 가장 중요한 모토다.

4차산업혁명 시대를 살아갈 수 있는 핵심 역량을 키울 수 있도록 교과 학습 프로젝트를 도입했다. 교사가 가르치기보다 학생들이 스스로 지식을 찾아 활용할 수 있도록 돕는 학교다.

건물이 없는 것으로 아는데, 어떤 공간을 써왔나?

처음에는 양평 영어마을에서 한 달 기간으로 시작했다. 지난 3월 12명의 아이와 워밍업 기간을 거쳤고, 4월에 서울에 들어왔다. 서울에서는 에어비앤비를 통해서 종로구 평창동에 처음 자리 잡았다. 교실과 기숙 공간이 혼합된 형태여서 불편했고, 기한도 정해져 있었다. 2학기에는 학생이 24명이 되어서 효창동에 있는 빌라로 옮겼다. 큰 자본으로 시작한 것이 아니어서 안정되지 못했고, 시설을 구하고 활용하는 것도 제약이 많았다. 안정된 교실과 기숙 공간을 확보하기 위해 자본을 더 마련해야겠다고 생각했고, 여기까지 오게 되었다.

공공일호에서 어떤 일들을 도모할 계획인가?

공간이 주는 의미가 아이들과 그 공간에서 벌이는 일에 큰 영향을 준다는 것을 깨달았다. 평창동에 있을 때는 교실과 기숙 공간이 혼재된 상황이라 학습의 의미를 억지로 만들어야 했다. 효창동 공간은 예전 직업학교여서 학원 같은 분위기였는데, 아이들이 알게 모르게 환경의 영향을 받아 사고가 변화되지 않는 것을 느꼈다.

아이들에게 이 공간을 함께 준비하자고 이야기했을 때, 새로운 공간이 가져다줄 자유로움을 생각하고 기대하는 것 같았다. 그곳에서 무엇을 만들지, 그곳에서 어떤 물건을 마련할지 등을 직접 제안할 정도로 관심이 많았다. 한편으로는 사람이 공간의 지배를 받기도 하지만, 아이들이 그 공간을 변화시킬수 있을 것으로 기대한다. 아이들이 학습하며 만들어내는 다양한 모습으로 또 다른 공간을 연출하게 되지 않을까.

강정수, 메디아티 대표

메디아티는 어떤 회사인가?

메디아티는 미디어 스타트업을 발굴, 육성, 지원하는 조직이다. 메디아티라는 이름은 라틴어에서 찾아 왔는데, '메디아'는 미디어, '티'는 사람이라는 뜻으로 '미디어를 하는 사람들'이라는 의미다.

한국 사회에서 여러 미디어가 혁신을 시도해왔다. 우리는 새롭게 등장하는 혁신적인 실험들을 하나의 기업 형태로 만들고, 가능성 있는 인재와 프로젝트를 찾아 시너지를 내는 환경을 만드는 식으로 그들의 성장을 지원한다.

메디아티 사무실과 코워킹 오피스는 누가, 어떻게 사용하게 되나?

우선 메디아티와 성격이 맞아야 한다. 성격이 맞는다는 것은 미디어 판을 혁신하겠다는 뜻을 함께한다는 뜻이다. 두 번째는 콘텐츠 연대다. 랩2050 같은 한국 사회의 미래를 고민하는 연구단체나 시민단체에도 자리를 제공하려 한다. 사회 혁신을 고민하는 시민단체들이 들어온다면 콘텐츠 연맹이 충분히 가능할 것이다.

대부분의 미디어 스타트업은 대개 다섯 명 내외다 보니 대단히 전문적이고 좁은 영역에만 빠져있다. 페이스북은 어떻게 운영해야 하는지부터 현시점의 경제적·사회적 갈등이 무엇인지 같은 것을 접하고 배울 기회가 적다. 여기에 입주한 미디어팀들과 그런 고민과 생각을 나누고, 서로 돕고, 영감을 줄 수 있을 것으로 기대한다.

메디아티는 지하 미디어 소극장과 옥탑 팟캐스트룸을 활발하게 활용할 대표적인 사용자 그룹이다. 공공일호의 인프라를 이용해 앞으로 도모할 일은 무엇인가?

우리가 투자하는 것은 대부분 디지털 미디어다. 디지털 미디어라고 해서 이른바 가상 공간에만 존재하는 집단이라고 생각하지 않는다. 그들 또한 그들의 오디언스들과 끊임없이 커뮤니케이션해야 하고, 만남을 가져야 하고, 같이 무언가를 할 수 있는 공간을 찾고 있다. 지하 미디어 소극장은 시민들이나 미래의 독자, 고객과 만날 수 있는 접점 공간으로 활용될 가능성이 높다.

옥탑 팟캐스트룸은 새로운 오디오 콘텐츠를 위한 공간으로 기대하고 있다. 김어준류의 팟캐스트를 필두로 자동차를 소유한 40-50대를 지향했던 것을 1.0 시대라고 한다면, 2.0시대는 인공지능 스피커에 탑재될 수 있는 새로운 형태의 오디오 콘텐츠다. 그리고 20-30대 여성을 대변할 수 있는 팟캐스트가 생겨야 하고, 이는 새로운 기회와 분위기, 맥락 속에서 만들어질 것이다. 그래서 샘터의 옥탑에서는 정말 새로운 패러다임의 콘텐츠가 만들어질 거로 생각한다.

메디아티의 장점은 각자의 일을 하지만 네트워킹으로 서로에게 스며드는 것이다. 5층 라운지 공간과 지하 미디어 소극장은 메디아티가 투자하고 지원하고 싶은 미디어 프로젝트들이 외부와 만나는 접점이다. 예를 들면, 코리아 엑스포는 외신 기자들과 매달 심포지엄을 하고 있다. 대학로 샘터에 가면 외신 기자들이 모이는 공간이 있다는 인식을 만들고 싶고, 그곳이 5층 라운지가 되면 좋겠다.

인터뷰어: 조재원
정리: 유리진

샘터

기획·인터뷰: 조재원 / 기록영상: 4B Film / 사진: 진효숙 / 자료협조: 이동환 / 촬영·편집: 정동구

전강수

서울대학교 경제학과를 졸업하고 동 대학원에서 경제학 박사학위를 받았다. 경실련 토지주택위원장, 토지정의시민연대 정책위원장, 토지+자유연구소 소장 등을 역임했다. 현재 대구가톨릭대학교 경제통상학부 교수로 재직 중이며, 헨리조지포럼 공동대표를 맡고 있다. 저서로는 『토지의 경제학』, 『부동산 투기의 종말』, 『헨리 조지와 지대개혁』(공저), 『부동산 신화는 없다』(공저), 『위기의 부동산』(공저), 『헨리 조지, 100년 만에 다시 보다』(공저) 등이 있으며, 옮긴 책으로는 『희년의 경제학』, 『부동산 권력』(공역), 『현대 경제학과 청지기윤리』(공역) 등이 있다.

심소미

독립큐레이터로 현대미술과 도시연구의 접점에서 전시기획과 비평을 해오고 있다. 경희대학교 건축공학과 학사, 홍익대학교 예술학과에서 석사를 졸업했다. 기획전으로 〈건축의 반하여〉(2018), 〈오더/디스오더〉(2017), 〈마이크로시티랩〉(2016), 〈신지도제작자〉(2015), 〈모바일홈 프로젝트〉(2014) 등이 있으며, 현재는 〈2018 공공하는 예술: 환상벨트〉의 총감독으로 수도권 공간지형도와 예술 실천에 대한 논의를 이어가고 있다.

배윤경

연세대학교 건축공학과를 졸업하고, 네덜란드 베를라헤에서 Advanced Master of Architecture 학위를 받았다. 현재 대학에서 건축설계와 이론을 강의하며, 여러 미디어에 건축 관련 칼럼을 기고한다. 저서로는 『어린이를 위한 유쾌한 세계 건축 여행』, 『암스테르담 건축기행』, 『DDP 환유의 풍경』(공저), 『가까스로 반짝이는』 등이 있다.

황지은

연세대학교 주거환경학과와 건축공학과에서 수학하고 건축설계

실무 수련 후, 하버드대학교 디자인대학원에서 사용자가 인지하는 도시공간을 기계학습(machine learning) 기법으로 해석하는 연구로 박사학위를 취득했다. 대표 수행 연구로는 참여형 모바일 증강현실 콘텐츠 제작, 도시 공공공간 변화 모니터링을 위한 시공간 타임라인 시스템 개발, 세계문화유산 모니터링 지표 시범조사 연구 등이 있다. 2017년 서울도시건축비엔날레 현장프로젝트 생산도시 큐레이터를 역임하고, 갤러리팩토리, 광주디자인비엔날레, 문화역서울 284, 금호미술관 등에서 소셜미디어를 도입한 참여형 미디어아트 작품을 전시했다.

남수현

명지대학교 건축대학 부교수며 건축가다. 서울대학교 건축학과 학·석사와 예일대학교 건축대학을 졸업했고, 근대 건축가의 합리성에 대해 연구해왔다. 이로재와 뉴욕 그루젠샘튼건축(Gruzen Samton Architects)에서 실무를 했고, HAUS2와 온고당에서 소장을 역임했다. 건축 작업으로 A-하우스, 더원빌딩, Y-하우스, 푸르니빌딩 등이 있다. 저서로는 『Mediumness 중형성』(2012), 역서로 『단면의 정석』(2017), 『인터랙티브 공간: 적응하는 세계』(2016), 『크로스오버』(2015), 『르 꼬르뷔제 200분의 1』(2012), 『설계와 주거공간의 기초』(2012), 『인터랙티브 건축공간』(2010) 등이 있다.

김성우

서울대학교 건축학과와 동대학원, 네덜란드 베를라헤 인스티튜트 M.Arch 과정을 졸업했다. 네덜란드 암스테르담 소재 de Architekten Cie., 정림건축, 디엠피건축 등에서 실무를 쌓았으며, 2008년 미국 AIA 뉴욕협회에서 주최한 ENYA(Emerging New York Architect) 국제현상설계에서 대상을 수상한 것을 계기로 N.E.E.D.건축사사무소를 설립했다. 주요 작품으로는 더북컴퍼니 사옥(2017년 서울시건축상), 수제맥주

공장인 코리아크래프트브루어리, 상계동 341-5 주거복합 프로젝트(2014년 미국뉴욕건축가협회 우수상) 등이 있으며, 서울시 공공건축가로 활동 중이다.

박창현

부산대학교에서 미술학을, 경기대학교 건축전문대학원에서 건축설계를 공부했다. 2005년부터 2012년까지 건축사사무소SAAI의 공동대표로 활동했고, 2013년부터 에이라운드건축을 운영해오고 있다. 작업으로는 제주 무진도원, 조은사랑채, 아웅산 순국 추모공원 등이 있으며, 한국건축가협회상, 서울시건축상, 김수근건축상 프리뷰상을 수상했다. 현재 고려대학교에서 학생들을 가르치고, 한국, 일본, 포르투갈 등 젊은 건축가 인터뷰 프로젝트도 진행 중이다.

임태병

문도호제(文圖戶製) 대표로 졸업 후 A.I.건축사사무소, 옴니디자인, 미노루야마사키아키텍츠코리아에서 실무를 익혔다. 2007년부터 2016년까지 건축사사무소SAAI 공동대표로 활동하며 홍대 앞 카페 문화를 선도한 건축가로 알려졌다. 건국대학교 디자인예술대학 산업디자인학과 겸임교수를 역임했으며, 2009년에 한국건축가협회상과 월드아키텍처 커뮤니티 어워드를 수상했다. 주요 작업으로 DOES 인터랙티브빌딩(2017), 북바이북 판교(2017), 코워킹스페이스 SEAM 오피스(2016), 공주 어머니의집(2015), 어쩌다가게 동교(2014), 이천 SKMS연구소(2009) 등이 있다.

조병수

1994년 조병수건축연구소를 개소한 이후 '경험과 인식', '존재하는 것, 존재했던 것', 'ㅡ'자집과 'ㄱ'자집, ' 현대적 버나큘라', '유기성과 추상성' 등의 테마를 가지고 활동해왔다.

하버드대학교, 독일국립대학교 카이저스라우테른, 연세대학교, 몬태나대학교 등 여러 대학에서 설계와 이론을 가르친 바 있으며, 2014년에는 덴마크 아루대학교 석좌교수를 역임했다. 대표작으로는 키스와이어센터(2016), F1963(2016), 퀸마마(2015), 남해 리니어스위트호텔(2014), 트윈트리 프로젝트(2010), 땅집(2009), 'ㅁ'자 집(2004) 등이 있으며, 한국건축가협회상, 아천상, 김수근문화상, 미국건축가협회상 등을 수상했다.

이치훈

SoA의 설립자이자 파트너이다. SoA는 2010년 서울에서 설립되어 다양한 스케일의 구축 환경에 관한 작업을 진행하는 젊은 건축가 그룹이다. 2015년 문화체육관광부와 새건축사협의회가 주최하는 젊은건축가상을 수상했다. 2015년 국립현대미술관, 뉴욕현대미술관, 현대카드가 주관하는 젊은건축가프로그램의 우승자로 선정되었으며, 당선작 지붕감각을 통해 2016년 『아키텍처럴 리뷰』가 주관하는 Emerging Architecture Award 파이널 리스트로 선정되었다. 같은 해에 제주도의 생각이섬 프로젝트로 김수근건축상 프리뷰상을 수상했다.

조재원

공일스튜디오건축사사무소의 대표다. 공간이 개인과 사회의 삶에 더하는 적정하고 지속 가능한 삶의 가치를 탐구하고 실현하는 것에 관심을 두고 있다. 주요 작업으로 대구 불로전통시장 어울림야외극장(2011년 대한민국공공디자인대상), 카우앤독(2016년 서울시건축상) 등이 있다. 소셜호텔, 소셜라이브러리, 공유주거, 공유오피스 등 새로운 유형의 플랫폼 공간에 대한 리서치와 계획을 진행하고 있다.

정림건축문화재단

정림건축문화재단은 한국 건축의 건강한 생태계 조성을 위해 설립되었습니다. 건축의 사회적 역할과 건축을 통한 공동체 활성화를 목적으로 건축 뿐만 아니라 문화예술계와 활발한 교류에 힘씁니다. 또한 한국 건축문화의 균형 잡힌 매개자가 되기 위해 미디어, 교육, 포럼, 전시, 공동체 연구, 출판 등 다양한 프로그램을 진행하고 있습니다. www.junglim.org

건축신문 Vol. 21
넥스토피아

인쇄: 2018.7.23
발행: 2018.7.27
ISBN: 979-11-86000-69-4 (02610)
값: 9,000원

기획: 정림건축문화재단
편집: 김상호
디자인: 권아주
표지 디자인: studio fnt

발행인: 정림건축문화재단
출판등록: 2012.6.15
등록번호: 종로 바 00136
ISSN: 2287-2620

도서출판 마티
서울특별시 마포구 동교로12안길 31 2층
02-333-3110
blog.naver.com/matibook
matibook@naver.com